高中化学
教学情境的创设与应用

杨军峰　冯新平 / 著

吉林人民出版社

图书在版编目（CIP）数据

高中化学教学情境的创设与应用 / 杨军峰，冯新平
著. — 长春：吉林人民出版社，2023.9
ISBN 978-7-206-20592-7

Ⅰ.①高… Ⅱ.①杨… ②冯… Ⅲ.①中学化学课—
教学研究—高中 Ⅳ.①G633.82

中国国家版本馆CIP数据核字（2023）第205872号

高中化学教学情境的创设与应用
GAOZHONG HUAXUE JIAOXUE QINGJING DE CHUANGSHE YU YINGYONG

著　者：杨军峰　冯新平　　封面设计：李　娜
责任编辑：刘子莹
吉林人民出版社出版发行（长春市人民大街7548号　　邮政编码：130022）
印　刷：北京政采印刷服务有限公司
开　本：787mm×1092mm　　1/16
印　张：11.75　　　　字　数：220千字
标准书号：ISBN 978-7-206-20592-7
版　次：2023年9月第1版　　印　次：2023年9月第1次印刷
定　价：58.00元

如发现印装质量问题，影响阅读，请与出版社联系调换。

目 录

第五章　高中化学必修课程的情境素材归纳分析

第六章　基于核心素养的高中化学情境教学的案例研究

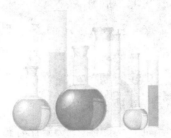

第一章

情境教学的理论基础

第一节 教学情境的诞生与发展

自从有了教育活动，就有了人们对教育活动不停地探索。如何激发学生的情感体验和学习兴趣，使其迅速进入学习状态，提高教学过程中学生的参与度，是教育工作者永恒探索的方向，而情境化教学逐渐被广泛用于教学活动之中。

人类的所有活动都在一定的情境中展开，没有不受情境限制的活动。离开情境，活动也就失去了时间、空间和背景这一存在基础，而活动反过来赋予情境以存在的价值和实质性意义。作为一种特殊的认识活动，教学过程同样离不开情境的参与，根据学习的"活动—情境"观点，个体参与实践活动、与情境互动既是意义建构的根本途径，又是学习得以发生的根本机制。创设情境是为了更好地促进学生的学习和发展。《现代汉语词典》将情境解释为"情景、境地"。德国一位学者有过一句精辟的比喻：将15克盐放在你的面前，无论如何你都难以下咽；但当将15克盐放入一碗美味可口的汤中，你就在享用佳肴时将15克盐全部吸收了。情境之于知识，犹如汤之于盐。盐需溶入汤中，才能被吸收；知识需要融入情境之中，才能显示出活力和美感，才能被学生理解和掌握。

一、国外情境教学的诞生与发展

古希腊教育家苏格拉底说，"我不以知识授予别人，而是做使知识自己产生的产婆"。他的"产婆术"理论以独特的教育方式启迪学生对问题的思考。他认为教学的主要目标不是直接把现成的知识传授给学生，而是把自己的教学活动看作学生获取知识、产生思想的助产术，他强调获取知识应是由内而外的，是将儿童心灵中的才智不断引出、进展的过程，而不是由外而内的，不是注入、训练、铸造的过程。他在特定情境中有意识地提出一系列问题，但不直接把答案告知学生，而是让学生先给出自己的答案，然后通过反复诘问学生，激励学生主动思考，最终发觉自身答案的冲突之处，从而一步步引导，使学生最终得出正确结论。这种教学模式的基本过程是：问题—诘问—反思—引导—结论。通过师生谈话创设一种问题情境使同学主动思索以获得问题的解决，其教学模式的基本过程是：对话—辩论—思索—真理，可以认为这是情境教学的雏形。

法国教育家卢梭提出的"直观教育"认为，教学过程要引导学生从客观的事物中去认识世界，感受世界，"直观教育"的目的就是依据具体事实教导学生，使外部的知识和学生内在的认识能力完全一致。他认为教育必然伴随着知识的掌握，但这不是教育的目的，教育的最终目的是发展儿童的理智和判断力，教学过程中要提出一些他能理解的问题，让他自己去解答，要做到他所知道的东西不是由于你的告知而是由于他自己的理解。教学中要通过日常的交往学习语言文字，通过观察日升日落学习天文知识，通过在森林中辨别方位学习地理知识，如他在其教育论著《爱弥尔》中有这样的记载：爱弥尔不会辨别方向，有一次教师把他带到大森林里，由他自己辨别方向。在森林里，爱弥尔又累又饿，找不到回家的路，这时老师教育他："中午的树影朝北，应根据树影辨别方向，寻找回家的路。"这是利用大自然的情境引导学生进行学习和思考的实例，他特别强调创设教学情境应当是教师在教学时首要考虑的问题。

美国哲学家杜威是最早在教育学意义上运用"情境"一词的，他提出"思维起于直接经验的情境"，并把情境列为教学法的首要因素，这是国外情境教学理论诞生的萌芽。他认为，"我们的主见必须有一个实际的阅历情境作为思维的开头阶段。"教学过程必须创设情境，依据教学情境确立目的，制订教学计划，利用教学情境激发学生的学习动机，学生通过自愿的或是主动学习的过程有助于教学计划的实施，并通过学生的学习过程实现教学效果的评价。他认为"从做中学"也就是"在情境中学"，学生从那些真正有教育意义和有兴趣的情境活动中进行的学习活动一定有助于学生的成长和发展。同时他还认为，所谓好的教学情境必须要能唤起学生的思维。所谓思维，就是明智的学习方法，或者说，教学过程中明智的经验方法。在他看来，如果没有思维，那就不可能产生有价值的学习和有意义的经验。杜威的这些观点无一不是情境教学理念的典型代表，他把教学情境的理论和实践向前推进了一大步。

苏联教育家苏霍姆林斯基的教学思想中就非常重视自然情境的教学价值，他在教学中主张通过实物、模型、标本以及实验、参观等情境激发学生的学习兴趣，特别重视实地考察教育的作用。他经常带领孩子们去大自然，通过对大自然细心观察、体验大自然的美，从而使学生在轻松愉快的气氛中学习知识，发展学生的观察能力、想象能力和审美能力，促进学生的健康成长。为了达到这样的目的，苏霍姆林斯基给孩子们编制了300页的《大自然的书》，每一页都给孩子们以极大的兴趣和生动鲜亮的客观事物的形象。这是对教学情境做了有益的实践和开拓。

保加利亚心理学家乔治·洛扎诺夫创立的暗示教学法把情境化教学推向一个新阶

段。他通过暗示教学对教学环境进行精心的设计，用暗示、联想、练习和音乐等多种综合方式建立起无意识的心理倾向，创造高度的学习动机，激发学生的学习需要和兴趣，充分发挥学生的潜力，使学生在轻松愉快的学习中获得更好的效果。其理论依据的要点有：环境是暗示的重要而广泛的发源地，人的可暗示性、人脑活动的整体性以及充分的自我发展是人最根本的固有需要之一，不愉快的事情往往不经意识就为知觉所抵制。从暗示教学法的理论依据可以看出，教学环境是学生获取知识的重要发源地，这是对教学情境进行了理论上的积极探索。

捷克教育家夸美纽斯在《大教学论》中从感觉主义的认识论阐述了教学的直观性原理。他认定直观性教学是一切知识的起点，是一切教学的基础，认为"知识的开端永远必须来自感官"，感官是"记忆的最可信任的仆役，可以使知识一经获得之后，永远得以记住"。他把教学中的直观性看作教学工作的"金科玉律"，直观可以使抽象的学问详细化、形象化，有助于学生感性学问的形成。情境教学使学生身临其境，就是通过给学生展现鲜亮详细的形象，使学生从形象的感知达到抽象的理性的顿悟，同时激发学生的学习心情和学习兴趣，使学习活动成为学生主动的、自觉的活动。他强调在教学中要重视引导学生直接感知事物、模型或通过教师形象语言描绘学习的对象，使学生获得感性认识，获得对知识和事物真实的理解，这样有利于促使具体形象与抽象概念相结合，减少学生理解抽象概念的困难，能激发学习兴趣和热情；有助于发展学生的观察能力、形象思维能力，促进对知识的理解巩固。夸美纽斯的直观性原理反映了从感性到理性的认识发展规律，这是最早从哲学高度研究情境教学的尝试。

美国哲学家阿尔佛雷德·诺斯·怀特海在他的著作《教育的目的》一书中阐明他的观点：通过灌输知识的方式培育出来的学生只会考试，而不能回到生活，解释生活，适应生活。成功的课堂就是探索研究式的课堂、自我发现的课堂，将学习者与探究对象完全还原到最初知识点提炼前的状态，怀着疑问、带着好奇、带着目的的一堂课，这就是自觉的、带着研究兴奋点的课堂。它通过功能性情境的创设能够为学习者提供达到学习目标的背景与支撑，以促进学习迁移的产生。在现代化过程中，一种将人与熟悉对象完全分开而抽离出来的思维方式和信念导致人们对学问、对人的活动产生很多误会，而功能性情境的创设是为了能够为学习者供应能达到学习目标的背景与支撑，以促进学习迁移的产生。

美国学者恰瑞·罗特在《情境中的课程——课程与教学设计》对情境教学的设计方法做了系统的阐述，恰瑞罗特认为学生学习的知识必须是有意义的，情境化教与学并不标志着一种全新的教与学的方法，而是将一些不同的但相关的方法结合在一起，从而形成的一种体系。这些不同的但又相关的方法具有如下特征：将学习内容与学习者的经验联系起来、促使学生积极学习、能够使学生有机会自主学习、鼓励从个人经验和集体经验中建构个人化的意义、在真实情境中评价学习结果，并允许从个人经验的角度去解释个性化的意义。

由此可见，国外起初对情境教学的研究是基于重视学生的直观性的教学，从自然界中找寻提供给学生能够感知的直观性素材，让儿童从中获取知识，这个阶段的情境教学尊崇自然，强调学生的直观体验。随着研究和实践的不断深入，在大量教学实践中探索总结的基础上，对情境认知和情境学习理论的讨论不断进行了深入和完善，提出好的情境不仅要促进知识迁移，还要让学生体会学习的意义，更要让学生在情境中生成问题、利用情境解决问题。即情境教学要强调教学情境的创设不能生搬硬套，而应该结合情境帮助学生理解和掌握，强调学生的主体参与性，这为教学情境的不断完善和优化指明了方向。

二、我国情境教学发展的沿革简述

我国古代著名教育家孔子主张"相机教学"。"相机"就是抓住时机，运用情境，随时随地因事因人，进行恰如其分的教育。孔子的论著《论语》就是他用"相机"进行情境教学的真实体现。"昔孟母，择邻处，子不学，断机杼"更充分地说明了孟母是成功的情境教学实施者与受益者。而孟子所继承与发展孔子的"不愤不启、不悱不发"思想的"引而不发""不屑教"等都体现了情境教学的情境性。《学记》中的"道而弗牵，强而弗抑，开而弗达"，上承孔子和孟子的启发诱导的原则，蕴含着情境教学以人为本的理念。墨子的"素丝说"，以素丝和染丝为喻来说明人性及其教育下的改变和形成，强调环境的重要性。从荀子的"不闻不若闻之，闻之不若见之，见之不若知之，知之不若行之，学至于行之而至止矣，行之明也……"的学习过程与思想方法中可以看出他对于"行"的重视，他认为"行"是学习必不可少的也是最高的阶段，他所谓的"行"也就是指人的社会实践，还有《中庸》所提到的"博学之，审问之，慎思之，明辨之，笃行之"中的"行"都是倡导在具体的社会实践情境中学习。

刘勰的《文心雕龙》中"情以物迁，辞以情发"的提法，更是强调了情境的作用；东汉时期王充的"问难"说，为了让学生透彻地理解学习内容，创设出可以充分激发思维的学习环境。南北朝时期，颜之推在学习上提倡踏实的学风，重视亲身观察获取的知识，其中"眼学"就包括书本知识和实践经验两方面；朱熹读书法中也曾提到"切忌体察"，强调读书不仅仅停留在书本上、口头上，而必须见之于自己的实际行动，要身体力行，这些主张都强调书本知识与实践经验相结合，体现了情境教学知行统一的原则。清代王国维在《人间词话》中也留下"境非独谓景物也，喜怒哀乐亦人心中之一境界"的论述。以黄宗羲、王夫之、颜元为代表的清朝时期实学教学思潮，主张躬行实践、经世致用，这些都可以作为情境教学在我国产生的源头。

蔡元培提出的"五育"并举的教育思想，提倡学生全面发展，而这正与情境教学中注重学生的全面发展相一致。新文化运动时期，提倡务实的教育成为共识，沟通教育与生活、学校与社会的联系，在生活情境中培养学生实际能力。

杨贤江对青年进行的"全人生的指导"即对青年进行全面的教育和引导，不仅关注学生的文化知识学习，还应对他们在生活中出现的实际问题给予疏导，使其在德、智、体等多方面健康成长。杨贤江先生的"全人生指导"为情境教学中教师该如何定位给出了答案。

陈鹤琴的"活教育"倡导"做中教、做中学、做中求进步"的教学论，提出了"积极的暗示胜于消极的命令""注意环境，利用环境""教学游戏化""教学故事化"等教学原则，这些原则是情境教学原则中不可或缺的部分。"活教育"理论遵循了五四运动以来提倡的"科学与民主"的精神，是为反对封建主义旧教育而产生的新教育理论。

陶行知受杜威的影响，提出了"生活即教育、社会即学校、教学做合一"的生活教育理念。他用自己的教育实践向我们展示了知行统一的教学理念。他把王阳明的"知是行之始，行是知之成"改为"行是知之始，知是行之成"，更深层次地阐释了教学中行与知的关系。他认为"不做无学；不做无教；不能引导人做之教育，是假教育；不能引导人做之学校，是假学校；不能引导人做之书本，是假书本。在假教育、假学校、假书本里自骗骗人的人，是假人——先生是假先生，学生是假学生。假先生和假学生所造成的国是假国，所造成的世界是假世界。"陶行知强调在行知统一、教学做统一的情境中学习、生活，这些理念都可以印证情境教学在近代已有雏形。

叶圣陶在《二十韵》中提出"作者胸有境，入境始与亲"的名言，则是语文教学情境化教学的指导原则。他认为一堂成功的语文课，教师和学生往往声息相通，心领神会，处于一种积极的、活跃思维状态，沉浸在悲壮的、沉郁的或者轻快的、优美的情境之中，教学效果不言而喻。

林崇德教授则认为，情境教学是"运用具体生动的场景以激起学生主动学习兴趣，提高学习效率的一种教学方法"。林崇德教授在谈到课堂教学时曾指出，未来课堂的发展方向是情境教学和问题教学。课堂教学中要"通过在人类文化知识和学生生活体验之间建立有机的联系，实现高效课堂，追求高效课堂"。所谓"有机的联系"就是强调情境教学。

　　冯卫东在《情境教学操作全手册》中介绍了情境教学的特征，他认为"情境教学是指教学过程中教师有目的地引入或创设具有一定情绪色彩的、以形象为主体的生动具体的场景，以引起学生一定的态度体验，从而帮助学生理解教学内容，并使学生的认知水平、智力状况、情感态度等得到优化与发展的教学方法。"他通过对情境教学的概述，对故事情境教学、问题情境教学、生活化情境教学、角色扮演情境教学、激励情境教学、民主情境教学、幽默情境教学、激情情境教学、导读情境教学、情境教学的其他模式的研究，总结出情境教学可以激发学生的学习动机，提高体验效果，从而帮助学生理解教学内容，并使学生的心理机能得到发展。它贯穿了以人为本、以学生发展为本的新理念，能够激发主动意识，强化感受深度，注意彰显学生的个性，强调发掘学生的潜能，尊重学生的自主意识，激发学生的创造精神。

　　李吉林老师在对小学语文教学进行了大量的研究与实践的基础上提出了情境教学的设想。她认为情境教学要"形真""情深""意远""理念寓于其中"。她对小学语文情境教学的探索过程、理论依据、特点以及在教学中的运用等进行了系统的研究，根据"形"和"意"、"情"和"物"辩证统一的原理，探索出情境教学的基本原则。她从促进儿童发展的前提、基础、动因、重点、手段五方面，归纳了情境教学促进儿童发展的"五要素"：以培养兴趣为前提，诱发主动性；以指导观察为基础，强化感受性；以发展思维为核心，着眼创造性；以激发情感为动因，渗透教育性；以训练语言为手段，贯穿实践性。

　　李吉林老师对小学语文情境教学的探索引起了我国教育界对情境教学的研究。广大一线教师和专家学者对各个学科的情境教学展开了大量的研究，起初主要以小学教学为主，随着广大教师研究和实践的不断深入，关于情境教学的科覆盖面广，拓展到了各个学科的教学中，不仅延伸到中学的课堂教学，而且大学的一些专业课也开始了课程情境教学研究。这些研究和实践使李吉林情境教学的特征、理论等得到更进一步的研究和具体化，情境教学的实际运用和发展则既具有抽象的理论概括基础，又有其指导下的操作实践。20世纪90年代中期，全国"情境教学–情境教育"学术研讨会召开，我国的情境教学–情境教育逐渐形成了既是科学，又是艺术，是生长在中国改革开放大潮中具有中国特色的教学流派，情境教学–情境教育是对我国素质教育的一种有效的探索。

　　总之，随着我国课程改革的不断深入，开始出现很多与情境教学相关的教学理念和术语，如体验性教学、情境与情感教学、情境—探究教学、导游式情境教学、情境启发教学模式、交互式情境教学等。在这些研究的基础上，研究者开始进一步、深层次地分析情境教学各个方面的价值和功能，并对情境教学进行整理总结，形成了一系列观点和创设教学情境的方法，认为创设情境是学生对知识进行意义理解的创造活动，并对不同学科如何创设教学情境进行了原理探讨、经典案例展示、操作思路，总结了易出现的问题、解决办法等，具有很强的实践性，研究的侧重点从对情境教学的探索转向重构学生与社会生活及世界意义的关联，关注的不是表层化的"回归"生活世界，而是以情境为纽带的经验重构，通过学生的学习活动及反思性的观念建构，达成作为学生主体意识的自我理解，即研究的对象从关注"物"转化为关注"人"，这就回归了教育的本质，为实现"立德树人"教育目标提供了理论依据和实践基础。

第二节　情境教学的理论基础

一、情感和认知相互作用

情绪心理学研究表明：个体的情感对认知活动至少有动力、强化、调节三方面的功能。动力功能是指情感对认知活动的增力或减力的效能，即健康的、积极的情感对认知活动起积极的发动和促进作用，消极的、不健康的情绪对认知活动起阻碍和抑制作用。情境教学法就是要在教学过程中引起学生积极的、健康的情感体验，直接提高学生对学习的积极性，使学习活动成为学生主动进行的、快乐的事情。情感对认知活动的增力效能给我们解决当前小学生中普遍存在的学习动力不足的问题以新的启示。情感的调节功能是指情感对认知活动的组织或瓦解作用，即中等强度的、愉快的情绪有利于智力操作的组织和进行，而情绪过强和过弱以及情绪不佳则可能导致思维的混乱和记忆的困难。情境教学法要求创设的情境就是要使学生感到轻松愉快、心平气和、耳目一新，促进学生心理活动的展开和深入进行。课堂教学的实践也使人深深感到：欢快活泼的课堂气氛是取得优良教学效果的重要条件，学生情感高涨和欢欣鼓舞之时往往是知识内化和深化之时。

脑科学研究表明：人的大脑功能，左、右两半球既有分工又有合作，大脑左半球掌管逻辑、理性和分析的思维，包括言语的活动；大脑右半球负责直觉、创造力和想象力，包括情感的活动。传统教学中，无论是教师的分析讲解，还是学生的单项练习，以至机械的背诵，所调动的主要是逻辑的、无感情的大脑左半球的活动。而情境教学往往是让学生先感受而后用语言表达，或边感受、边促使内部语言的积极活动。感受时，掌管形象思维的大脑右半球兴奋；表达时，掌管抽象思维的大脑左半球兴奋。这样，大脑两半球交替兴奋、抑制或同时兴奋，协同工作，大大挖掘了大脑的潜在能量，学生可以在轻松愉快的氛围中学习。因此，情境教学可以获得比传统教学明显良好的教学效果。

二、认识的直观原理

从方法论看,情境教学是利用反映论的原理,根据客观存在对儿童主观意识的作用进行的。而世界正是通过形象进入儿童的意识的,意识是客观存在的反映。情境教学所创设的情境,因其是人为有意识创设的、优化了的,有利于儿童发展的外界环境,这种经过优化的客观情境在教师语言的支配下使儿童置身于特定的情境中,不仅影响儿童的认知心理,而且促使儿童的情感活动参与学习,从而引起儿童本身的自我运动。

夸美纽斯在《大教学论》中论述:"一切知识都是从感官开始的",反映了教学过程中学生认识规律的一个重要方面:直观可以使抽象的知识具体化、形象化,有助于学生感性知识的形成。情境教学使学生身临其境或如临其境,就是通过给学生展示鲜明具体的形象(包括直接和间接形象),一则使学生从形象的感知达到抽象的理性的顿悟,二则激发学生的学习情绪和学习兴趣,使学习活动成为学生主动的、自觉的活动。

应该指明的是,情境教学的一个本质特征是激发学生的情感,以此推动学生认知活动的进行。而演示教学则只限于把实物、教具呈示给学生,或者教师简单地做示范实验,虽然也有直观作用,但仅有实物直观效果,只能导致学生冷冰冰的智力操作,而不能引起学生的火热之情,不能发挥情感的作用。

三、思维科学的相似原理

相似论的观点认为,科学规律寓于相似性之中。人们在学习和实践活动中积累起来并贮存在大脑中的知识单元就叫"相似块"。"相似块"是一种重要的刺激信息,而学生学习的过程就是相似块迁移的过程。美国认知心理学专家西蒙在《认知心理学》一书中提出,选择刺激信息极为重要,而教学情境中蕴含着丰富的促进学生认知思维的刺激信息。通过情境中的刺激信息获得的知识可以形成较为稳定的认知结构,从而导致认知结构的发展。即相似思维是一种独特的、科学的思维方式与方法,通过相似性分析,既可以发现表面上互不相关的事物之间有多方面的内在联系,又可以在事物的多样性与统一性之间架起桥梁,还可以进行多层次和多方位的类比与推论,概括出事物的共同属性与本质,从而找出规律并形成理论。即相似原理反映了事物之间的同一性,是普遍性原理,这也是情境教学的理论基础。形象是情境的主体,情境教学中的模拟要以范文中的形象和教学需要的形象为对象,情境中的形象也应和学生的知识经验相一致。情境教学法要在教学过程中收入或创设许多生动的场景,也就是为学生提供更多的感知对象,使学生大脑中的相似块(知识单元)增加,有助于学生灵感的产生,也培养了学生相似性思维的能力。

四、有意识与无意识心理

众所周知，意识心理活动是主体对客体所意识到的心理活动的总和，包括有意知觉、有意记忆、有意注意、有意再认、有意重现（回忆）、有意想象、有意表象（再造的和创造的）、逻辑和言语思维、有意体验等。遗憾的是，包含如此丰富内容的意识心理活动仍然不能单独完成认识、适应和改造自然的任务。情境教学的最终目的也正在于诱发和利用无意识心理提供的认识潜能。

自弗洛伊德以来，无意识心理现象为越来越多的学者所重视。所谓无意识心理，就是人们所未意识到的心理活动的总和，是主体对客体的不自觉的认识与内部体验的统一，是人脑不可缺少的反映形式，它包括无意感知、无意识记、无意再认、无意表象、无意想象、非言语思维、无意注意、无意体验等。该定义强调无意识心理活动具有两个方面的功能：

一是对客体的一种不知不觉的认知作用。如我们在边走路边谈话时，对路边的景物以及路上的其他东西并未产生有意识的映象，但我们却不会被路上的一堆石头绊倒。原因就是"石头"事实上引起了我们的反应，并产生了"避让"这种不自觉的、未注意的、不由自主的和模糊不清的躯体反应。

二是对客体的一种不知不觉的内部体验作用。常言的"情绪传染"就是无意识心理这一功能的表现。例如我们会感到无缘无故的快活、不知不觉的忧郁，这往往是心境作用的结果。心境本身就是一种情绪状态，它能使人的其他一切体验和活动都染上较长时间的情绪色彩。

无意识心理的上述两个功能直接作用于人的认知过程：首先它是人们认识客观现实的必要形式，其次它又是促使人们有效地进行学习或创造性工作的一种能力。可见，无意识心理活动的潜能是人的认知过程中不可缺少的能量源泉。情境教学的目的就在于尽可能地调用无意识的这些功能，也就是强调于不知不觉中获得智力因素与非智力因素的统一。

五、智力与非智力因素统一

教学作为一种认知过程，智力因素与非智力因素统一在其中。人们常言的"晓之以理，动之以情"就是通过感情来打动别人的心，用道理来使别人明白。从心理学的角度看，兴趣是一种个性心理特征，它是在一定的情感体验影响下产生的一种积极探究某种事物或从事某种活动的意识倾向，即情感是兴趣的前提，通过情感的激发作用可以使学生对学习产生兴趣，进而主动学好学科知识。在教学这种特定情境中的人际交往由教师与学生的双边活动构成，其中师生间存在着两条交织在一起的信息交流回路：知识信息交流回路和情感信息交流回路。二者相互影响，彼此依存，从不同的侧面共同作用于教学过程。知识回路中的信息是教学内容，信息载体是教学形式；情感回路中的信息是师生情绪情感的变化，其载体是师生的表情（包括言语表情、面部表情、动作表情等）。无论哪一条回路发生故障，都必然影响到教学活动的质量，只有当两条回路都畅通无阻时，教学才能取得理想的效果。

运用情境教学首先需用"着眼发展"的观点，全面地提出教学任务，而后优选教学方案，根据教学任务、班级特点及教师个性特点、教学能力、教学习惯、对教材的解读水平等方面相结合，选择创设情境的途径。丰富多彩的情境教学可以活跃课堂气氛，使学生产生浓厚的学习兴趣，吸引学生听课的注意力，学生变"要我学"为"我要学"，在轻松、愉快、团结协作的氛围中完成学习任务。同时教师根据教学要求创设真实的问题情境，以吸引学生的注意力，强化学生的好奇心，进而激发学生的求知欲。

第二章

化学学科核心素养
与课堂教学情境

第一节　化学学科核心素养对教学情境的要求

一、化学学科核心素养

　　发展学生核心素养是在国际教育竞争过程中提出的，是在信息化、数字化以及全球化的环境下对教育素质的提升。通过对学生核心素养的培养能够增强学生思维的灵活性，使得学生更加具有挑战性，从而对复杂的任务进行处理。对学生的核心素养进行培养的过程包括知识技能的培养、思维能力的培养以及探究习惯的培养等方面，通过对学生核心素养的培养，有助于学生更好地适应今后的社会环境，并且更好地解决困难。基于此，我国新一轮课程改革将发展学生核心素养作为学科育人价值的集中体现，强调学生通过学科学习而逐步形成的正确价值理念、必备品格和关键能力。

　　2018年颁布的《普通高中化学课程标准》（2017年版）（以下简称"2017年版课标"）同2003年版课程标准相比，凝练了化学学科核心素养，构建了化学学科核心素养的内容体系及其发展水平体系；为促进化学学科核心素养的落实，调整了课程结构，更新了教学内容，构建了学业质量水平体系，细化了实施建议。2017年版课标强调真实情境的创设，强调以化学知识为工具来解决基于真实情境的实际问题，发展和评价学生的核心素养。在化学教学中适时创设真实的教学情境，在贯彻2017年版课标中培养学生化学学科核心素养精神要求的具体实施中有着重要的作用。即高中化学学科核心素养是高中学生发展核心素养的重要组成部分，是学生综合素质的具体体现，反映了社会主义核心价值观下化学学科育人的基本要求，全面展现了化学课程学习对学生未来发展的重要价值。

　　化学学科核心素养包括"宏观辨识与微观探析""变化观念与平衡思想""证据推理与模型认知""科学探究与创新意识""科学态度与社会责任"5个方面。化学学科核心素养将化学知识与技能的学习、化学思想观念的建构、科学探究与问题解决能力的发展、创新意识和社会责任感的形成等多方面的要求融为一体，体现了化学课程在帮助学生形成未来发展需要的正确价值观念、必备品格和关键能力中所发挥的重要作用。化学核心素养是学生在化学认知活动中发展起来并在解决与化学相关问题中表现出来的关键素养，反映了学生从化学视角认识客观事物的方式与结果的水平。这一素养不仅体现了学生从化学视角对客观事物的能动反映方式，而且在处理繁杂问题的过程中更能反映学生的核心素养水平。

二、2017年版课标与真实情境

（一）2017年版课标重视真实情境的创设

2017年版课标倡导真实情境、真实问题情境的创设。在"课程内容"部分，给出了具体的"情境素材建议"或关于创设真实情境、真实问题情境的教学策略；在"实施建议"部分，提出了"创设真实问题情境，促进学习方式转变"的教学建议和"以核心素养为测试宗旨""以真实情境为测试载体""以实际问题为测试任务""以化学知识为解决问题的工具"的命题原则，并对典型试题从核心素养、真实情境、实际问题和化学知识4个方面进行了说明。由此可以看出，2017年版课标对真实情境创设的重视。

化学不仅与社会发展、生活实际紧密相关，还与创制新材料、理解生命过程等现代科学前沿问题有着广泛而又密切的联系。创设真实情境能让学生认识化学对社会发展、科技进步的重大贡献，辩证地看待化学在现代社会中的作用，以培养学生正确的学科价值观念；能充分发挥学生的主观能动性，从而引导学生主动建构、积极探究，发展化学学科能力。此外，在真实情境中学习，有利于提升学生综合学习和沟通合作的能力，有助于培养学生的科学文化素养和终身学习的能力。

（二）2017年版课标明确课程内容对真实情境的要求

2017年版课标的课程内容在呈现形式上发生了很大变化。在必修课程和选择性必修课程中，每个模块或主题均由"内容要求""教学提示""学业要求"组成。其中，"教学提示"由"教学策略""学习活动建议"和"情境素材建议"3部分组成。这种改变不仅有效反映化学学科本质和核心概念，还体现出化学学科给予学生认识周围事物的独特视角、学习的规律、思考的方式等与其他学科本质上的不同。

必修阶段旨在发展全体学生化学学科核心素养的各个方面。每个主题主要通过化学知识、化学思想与化学学科发展的史料，化学实验探究活动，化学在实际生活中的应用，化学技术成果的利用及与化学有关的社会热点问题等真实情境，让学生掌握化学实验设计的基本思路和实验操作的技能技巧、化学观念的建构、化学知识的逻辑线索、化学问题解决的思维策略及对有关化学热点问题的理性分析等，培养学生自主学习和自我发展的能力。选择性必修阶段注重帮助学生认识学科思想及研究方法的形成与发展过程。各个模块主要通过创设与能量转化、能源利用、材料开发利用、化工生产路线的选择、物质结构的研究及其理论发展对化学学科发展的贡献等有关的真实情境，让学生了解化学与其他学科的联系，理解学科大概念，掌握科学探究的一般思路及其研究方法，正确认识化学对科学技术和社会文明发展所起的重要作用，以促进学生个性的发展和认知结构的完善。

（三）2017年版课标指出命题需以真实情境为载体

在教学中经常会发现如下现象：有些考试成绩好的学生在解决实际问题时常感到困难，有的学生花大量时间做练习题但考试成绩并没有因此而提升，一些成绩优秀的学生在后来的工作生活中表现平平。这其中一个重要原因就是传统教学与评价注重考查学生对知识本身的理解和掌握，而忽略了知识的应用功能和价值，缺乏对学生素养发展状况的评价。

2017年版课标指出化学学业水平考试命题必须坚持以化学学科核心素养为导向，准确把握"素养""情境""问题"和"知识"4个要素在命题中的定位与相互联系，构建以化学学科核心素养为导向的命题框架；确立"以核心素养为测试宗旨""以真实情境为测试载体""以实际问题为测试任务""以化学知识为解决问题的工具"4个命题原则，强调以化学知识为工具来解决基于真实问题情境的实际问题，发展和评价学生的核心素养。

学生学习化学知识的最终目标不是在考试中获取高分，而是会以化学知识为工具解决实际问题。将化学知识有效地镶嵌于真实情境中，不仅能凸显化学学科特色，体现化学与科学、技术、社会和环境的关系，还能使学生在建构学习、探究学习和问题解决学习的过程中，系统学习和梳理相关的化学知识和方法，同时侧重考查学生综合运用所学知识技能解决实际问题的能力。只有当学生灵活地将化学知识作为一种工具使用时，才能促进学生化学学习方式的转变，培养学生的化学思维习惯，帮助学生运用所学知识去解释或解决实际问题或有关的STSE（科学、技术、社会、环境）问题，以促使学生建构和形成化学学科的核心观念。此外，考试命题以真实情境为载体能减少因应对考试而产生的练习效应，有利于化学学业水平考试目的的实现，能促进化学学科核心素养的落实。

三、化学学科核心素养对教学情境的要求

2017年版课标进一步强化了学科的育人功能，体现了鲜明的育人导向，思想性、科学性、时代性、整体性等明显增强。课标中明确提出要重视开展"素养为本"的教学，通过开展多种形式的学习体验活动，使学生感悟科学知识的形成过程，激发学习化学的

兴趣，促进学习方式的转变。课程标准明确提出"真实、具体的问题情境是学生化学学科核心素养形成和发展的重要平台，为学生化学学科核心素养提供了真实的表现机会。因此，教师在教学中应重视创设真实且富有价值的问题情境，促进学生化学学科核心素养的形成和发展。"即学生素养的形成与发展只能通过教学情境来实现，教学情境通过激活学生的思维引发积极的探究，这样的学习体验过程有助于培养学生解决实际问题所需要的关键能力，因此在课堂教学中创设教学情境是十分有必要的。

发展学生化学学科核心素养是现阶段化学课堂教学的主要教学目标，强调教学过程中要结合学生已有的经验和社会生活实际，引导学生关注人类面临的与化学有关的社会问题，所以倡导教学过程要创设真实的教学情境，这也是化学课堂教学的本原回归，是发展学生核心素养的现实要求。在以解决真实情境中蕴含的化学问题为核心的学习过程中，在特有的情境下可激发学生的认知能力，不仅能达到对知识的"意义建构"，同时学生获得的化学知识和化学学科思维方法变得形象化、具体化、生活化、背景化、问题化和高阶化，所以情境是知识转化为素养的桥梁，对教学活动起到积极的促进作用，并能让学生在理论知识与应用实践交互碰撞中真正理解知识，树立科学精神与社会责任感，因此教学情境是对学生化学学科的核心素养进行提升的关键。

第二节　教学情境的教学功能及基本特征

一、教学情境的教学功能

　　教学情境是教学的具体情境的认知逻辑、情感、行为、社会和发展历程等方面背景的具有文化属性的综合体，也是解决学生认知过程中的形象与抽象、感性与理性、理论与实践及旧知识与新知识的关系和矛盾的师生互动关系的载体。在教学过程中，各种教学设备和教学用具、课堂教学的具体要求、教师的肢体语言、师生的交往方式、学生的学习习惯等都属于课堂教学情境。课堂教学情境以其所特有的功能对教学活动和学生的发展产生广泛的影响。班级上课制是我国最主要的教学组织形式。教室是师生共同进行教学活动的主要场所，在这个场所中所蕴含的丰富的教学资源、和谐的气氛、良好的人际关系都是影响课堂教学效果的主要因素。

　　教学情境的重要意义就在于它既影响教学活动的过程，也影响教学活动的结果。在实际教学中，不管我们是否意识到，教学目标的建立和达成、教学方法的选择和运用、教学手段的确定和教学组织形式的安排、课堂信息的交流和师生课堂的交往形式等，都直接或间接地受到各种情境因素的影响。

　　将知识置于特定情境中，不仅能引发后续的教学情感，还能让学生理解所学的知识，了解问题产生的前因后果，促使学生构建学习任务与其已有知识经验的联系。创设教学情境能有计划地引导学生运用相关学科的思维方式和方法学习知识，加强学生对学科核心概念的理解和掌握；有目的地帮助学生主动获取信息、加工和利用信息，培养学生运用已有信息分析和解决问题的能力；有组织地开展具有学科特质的学习活动，有效衔接前后知识的联系并引起学生的积极思维，进而促进学生对知识的综合应用以提升学生的认知能力、思维能力和创造能力。具体来说，教学情境具有如下几种教学功能。

（一）陶冶学生情感，促进品格养成

　　良好的课堂教学情境可以剔除情感中的消极因素，保留积极成分。这种净化后的情感体验使人的情感得到净化和升华，并具有更有效的调节性、动力性、感染性、强化

性、定向性、适应性、信号性等方面的辅助认知功能，即能从各个方面给学生以潜移默化的影响，通过熏陶、感化培养他们良好的思想品德和行为习惯。孔子的"无言以教""里仁为美"，颜之推的"人在少年，精神未定，所与款押，熏清陶染，言笑举动，无心于学，潜易暗化，自然拟之"，从不同层面阐述了教学情境在培养、教育青少年方面的重要意义。保加利亚学者G.洛扎诺夫的"人创造环境，同样环境也创造人"也凸显了教学情境具有"陶情冶性"的功能。课堂教学情境是一种微观的社会环境，对学生来说是具体生动的，因而在学生的品德形成和行为培养方面具有不可代替的作用。课堂教学情境的作用不是强行灌输，而是放教育于美好的情境中，通过多种情境因素的综合作用，产生"随风潜入夜，润物细无声"的教育效果。

（二）启迪学生思维，形成学习动力

课堂教学情境的激励功能是指良好的课堂教学情境能促使学生在学习中产生内在的动机，以激发其学习的积极性。在一个积极和谐的课堂教学情境中，各种情境因素都可以成为激发学生学习的动因。学习过程不只是被动地接受信息，更是理解信息、加工信息，主动建构知识的过程。适宜的情境可以帮助学生重温旧经验，获得新经验，有利于学生体验知识的发生和发展过程，最终有利于学生的认识能力、思维能力的发展，使学生达到比较高的水平。认知需要情感，情感促进认知。知识总是在一定情境中产生和发展的，脱离情境的认知效率是低下的，适宜的情境可以激发学生学习的兴趣和愿望，可以不断地维持、强化和调整学习的动力。

（三）指明探索思路，形成认知视角

教学情境中蕴含需要解决的真实问题，所以真实的教学情境可以把学生引入一个发现和提出问题的过程和解决问题的探索过程，从而使学生的注意、记忆、思维凝聚在一起，以达到解决问题的目的。即情境教学中的特定情境具有促进学生形成解决问题的认知思路和视角的作用，情境中的某些信息可以提供调动学生原有认知结构的某些线索，经过学生思维的不断整合和加工，学生就会顿悟或产生新的认知思路和视角，形成新的认知结构。即教学情境能将知识产生的内部要素与外部环境建立桥梁，便于学生自主建构认知路径，内化理解知识的实际意义。所以我们在教学中要通过创设恰当的情境，设计有导向性的问题，让课堂教学的思路更集中、更深入，解决问题的认知思路和视角与问题的本质相匹配，这样才有助于问题的解决和认知能力的发展。

（四）增强学科理解，发展思维能力

《普通高中化学课程标准》（2017年版2020年修订）指出，化学学科理解是指教师对化学学科知识及思维方式和方法的一种本原性、结构化的认识。教师要从学科视角提升化学学科理解，课堂教学中要有效实现教学内容的选择和组织，运用学科方法帮助学生建构问题解决的一般思维模型，进一步通过学科实践活动培养学生的化学学科观念和思维能力，从而达成学科育人的目的。教学情境能够促进学生学习方式的转变，促进对化学学科知识及思维方式和方法的结构化的认识。如通过创设真实的问题情境，开展以实验为主的探究活动，重视教学内容的结构化设计，有助于激发学生的化学学习兴趣，培养他们的创新精神和实践能力。教学情境有利于对学生实验探究能力的培养，引导他们掌握科学探究的一般过程与方法，促进学生发展动手实践能力和高级思维能力。

二、教学情境的基本特征

（一）真实性

要落实核心素养，对教学情境的首要要求就是真实性，因为素养的提升与发展是在特定的情境中完成的，真实的情境有利于引发学生积极思考，进而生成真问题，所以真实的情境不应只是激发学生学习兴趣的素材，它能引导从特定的问题情境中剥离出基于化学知识的真问题，同时还蕴含着解决化学问题的思维方法和关键能力，所以在运用化学知识解决这个真问题的过程，也就是对学生思维和能力的训练过程。即真实的问题情境在知识产生、构建和应用的全过程中具有独特的功能，这也是核心素养的基本要求。

人教版高中化学必修第二册《原电池》教学情境：小故事"格林太太的假牙"，大意是格林太太镶有两颗假牙：其中一颗是黄金的，另一颗是不锈钢的，装上假牙以后，格林太太经常头痛，原因是两颗假牙和口腔中的唾液形成了原电池，产生的电流刺激大脑。这样的情境表面上看很容易激发学生学习原电池的兴趣，但是仔细推敲就会发现该情境缺乏真实性，首先且不说口腔中的唾液能否与两颗假牙构成原电池，即使构成原电池，产生的电流为何不在两颗假牙之间移动而会通过大脑移动（两颗假牙之间的距离远远小于通过大脑之间的距离）？这也是构成原电池的必要条件，这个必要条件对学生构建原电池知识结构体系很关键。

虚假的、杜撰的教学情境所产生的化学问题是虚假的、经不起推敲的、不能引导学生进行深度思考的，自然就不能激活学生的思维，而真实的教学情境所产生的化学问题是真实的，所构建的知识结构网络是有逻辑性的，经过这样的学习过程的熏陶，对学生形成科学的价值观一定是有帮助作用的，这也是学科核心素养教学目标的追求，也符合人类社会在发展过程中对真、善、美的最终追求。

（二）体验性

教学情境是教师在课堂教学中为了完成教学目标而创设的一种积极的情感氛围，所以教学情境是具有体验性的。教学情境最直接的价值取向就是通过体验获得知识，形成观念，发展素养，因此在教学过程中通过创设学生熟悉的、能引发学生思考的、发生在学生身边的生活情境、实验情境等，引发学生对问题思考的体验过程，进而完成知识的认知过程，这样对知识的理解更深刻，更有利于培养学生化学观念的形成和学科素养的提升。

人教版高中化学必修第二册《化学品的合理使用》中"安全使用食品添加剂"教学情境：教师在课前先安排全班同学各自收集口香糖、方便面、火腿肠、果汁饮料、面包糕点等包装纸的配料表，上课时将从图书馆借来的化学化工方面的工具书按照小组发给学生，让学生分小组列出着色剂、调味剂、防腐剂、营养强化剂等食品添加剂的分类的代表物，并统计食品添加剂的名称和成分，再利用工具书查找各种成分的性质、作用和危害，最后每个小组进行汇报交流。学生通过收集材料、查阅资料、剖析总结这样的体验过程，对这些几乎每天都在享用的食品中存在、但却很不在意的食品添加剂的性质、作用和危害有了深刻而全面的认识，对过分钟情这些"方便食品"的饮食方式进行了反思，他们感受到食品添加剂对维护食品安全起到的作用以及过量摄入对人体的危害，这样不仅使获得的知识结论的科学性增强，而且有利于学生完成合理使用化学品知识的构建。

本教学情境通过学生的亲身体验去探索和发现，通过收集商品标签了解常见的食品添加剂的成分，再通过查阅资料的体验过程认识了食品添加剂的性质、作用和危害，激发了学生在真实的情境中学习化学和应用化学的思维体验过程，所以真实具体的情境不仅能让学生的心灵体验到知识的形成过程，同时彰显了知识的认知功能和价值，提升了学生学科理解能力，发展了学生的学科素养，实现了"知识、能力、素养"相统一的教学要求。

（三）开放性

基于核心素养的课堂教学强调的教学情境要源于实际，其特点为背景材料的多角度、多方位，所以问题情境的解决需要学生以从不同角度、不同侧面、不同层次、不同范围得出各种结论去探寻问题情境背后隐藏的学科知识，即真实情境所蕴含的学科问题具有一定的开放性，解决问题的方案和结论都不是现成的、直接的、唯一的，这为学生思维的发展和创新预留了空间，使不同层面的学生都可以获得成功的喜悦，进而在解决这些问题的过程中使学生的思维能力和学科素养都得到不同程度的提升。

人教版高中化学必修第一册《氯及其化合物》教学情境：播放氯气泄漏产生的危害以及救援人员现场处理泄漏过程的视频。然后提出问题：如果你是现场的救援人员，你该如何对泄漏的氯气进行处理？学生可能会提出不同的处理方案，教师可以要求学生带着他们各自的方案阅读教材中氯气性质的相关知识，对每种方案的科学性和可行性进行分析，接着组织学生分组讨论，并根据讨论的结果设计出实验方案，通过完成实验过程证明自己分析的合理性。

由于不同学生的生活经历、知识积累、思维习惯不同，他们的思维视角存在差异，因此提出解决问题的方案就会不同，这为每个学生的思维发展都提供了平台，所以教学情境的开放性有助于学生设计不同的解决问题的方案，虽然有些方案还缺乏科学性，但是这为学生展示和发展自己的思维提供了舞台，能逐步提升学生应用知识解决实际问题的能力，这也是学生素养提升的关键。

（四）隐蔽性

真实的情境一般来说是信息多而且繁杂，而要解决的化学问题往往会隐藏于真实情境之中。一般化学问题中如没有出现有关物质的性质、物质的信息、反应的条件、明显的反应现象等信息，甚至会有一些与研究内容无关的信息，这些信息对要解决的问题产生干扰作用，因此真实情境中隐含的化学知识具有一定的隐蔽性，与教学目标的知识要求之间存在一定的差距，在教学过程中教师要善于引导学生对隐藏于真实情境之中的化学问题进行挖掘，捕捉与化学问题相关的关键信息，然后通过分析、抽象等方法将"问题情境"抽象为化学问题来解决。

人教版高中化学必修第二册《乙酸》教学情境：通过展示"红烧鱼"图片，介绍在烧鱼过程中通常要加入食醋，引出食醋的主要化学成分——乙酸，接着通过资料卡片介绍烧鱼时，醋可使鱼骨中的钙（$CaCO_3$）、磷等矿物质溶解，增加人体对钙、磷的吸收利用，引导学生思考从上述资料中体现了乙酸的哪些化学性质？如何证实你的猜想？由于乙酸在烹饪过程中所起的作用很复杂，所以在引导学生探究乙酸的酸性时，要引导学生分析鱼骨中的钙元素的存在形式，并通过挖掘提示信息"醋可使鱼骨中的钙（$CaCO_3$）溶解"，学生自然会通过乙酸与$CaCO_3$的反应将探究的视角指向乙酸的酸性，进而通过实验探究来完成对乙酸酸性的理解和构建。

在教学实践中，教师一定要引导学生善于从问题情境的纷杂信息中自主提取相应的化学问题，进而去研究和解决化学问题，这样学生可以从平时的生活中观察、感受面临的化学现象和化学问题，并能从本质上去理解认识化学现象的实质，养成用化学的视角审视身边真实情境中存在的化学问题的习惯，这对发展学生的核心素养是极为有利的。

（五）驱动性

化学教学情境的本质属性是蕴含学科问题，核心内涵是引导构建知识，深层次的价值是促进知识迁移，情感取向是学科价值。所以真实的情境能产生具有思考价值的问题，驱动学生思维不断活化和深化，进而积极参与探究过程，为学生提供更多的"发现化学问题和解决化学问题"的机会，激发学生求知的欲望，让学生亲眼见到客观事实，所以对真实情境产生的化学问题的探究过程，就是对化学知识的建构和核心素养的提升过程。

人教版高中化学必修第一册《氧化还原反应》教学情境：播放铁在生产生活中各种用途的视频，同时展示问题：你知道多少关于铁的问题呢？比如工业生产中利用怎样的反应制取铁？街道边的铁栏杆为什么要刷一层保护漆？一些易变质的食品采用真空包装或在包装袋里装一小包铁粉，原因是什么？学生听完这些问题后纷纷陷入了思考。教学过程中通过这样的情境产生的驱动性问题将学生置身于一种探索问题的情境中，激发了学生学习的动机和学习兴趣，同时开启了学生思维的模式，引发了产生探寻这种问题本质的冲动，从而进入对氧化还原反应的学习。

化学情境是化学知识产生的背景，利用真实的情境引导学生产生化学问题，驱动学生对这些化学问题进行探究，进而探索蕴含的化学知识和化学思想方法，帮助学生从科学的角度认识和理解人与自然的关系，让化学核心素养在化学课堂"落地生根"。教学情境中问题的难易程度要适合全班同学的实际水平，以保证使大多数学生在课堂上都处于思考状态，同时问题的设计和表述具有新颖性、奇特性和生动性，以使问题具有真正吸引学生的力量，这样才能有效驱动学生不断思考，进而激发学生学习化学知识的兴趣，培养学生的化学学科核心素养。

第三节　化学教学情境的分类

化学教学情境按照不同的标准可以分为不同的类型，如可以按情境的信息呈现方式、情境产生的场景、情境的内涵特征以及情境的价值作用等不同的方式进行分类。

一、按照情境的信息呈现方式分类

（一）图表数据情境

数据图表情境中呈现的数据图表是一种特殊的教学语言和工具，能简单而直观地表达科学事实。这类情境无法用口述的方式给出。当学生在接收并分析处理信息时，需要反复地观察与分析，因此需要长时间地呈现，甚至贯穿整堂课。数据图表的正确认识和使用，有利于提高学生从信息素材中提取有效信息，在已有知识的基础上进行整合、迁移，进而解决问题，所以新课标强调要培养学生学会运用比较、分类、归纳、概括等方法对有关信息进行加工处理。用数据图表创设教学情境，让学生在分析数据图表过程中发现蕴含在其中的化学特征和变化规律，并能对化学特征和变化规律进行深入探究，不仅有利于理解化学特征和变化规律，同时围绕数据层层深入进行理论推导的过程中，还可以帮助学生达成自己的解释，从而灵活运用化学知识，形成认知物质变化的思维模式。

（二）实物或模型情境

化学物质琳琅满目，化学物质结构的模型也琳琅满目，如分子结构模型、晶体结构模型、电子云模型等，将看不见、摸不到的物质微观结构具体形象地呈现出来，便于学生观察与理解，有利于引发学生去发现、提出问题，借用这些眼前的模型处理文字的信息材料，用语言表述出自己对知识的理解。如新教材在介绍有机物的分子结构时，不仅编入了大量分子结构和电子云模型插图，还通过探究活动让学生亲自动手搭建分子结构模型，充分调动学生的感官认知，协助其理解物质的空间构型。教科书在介绍物质的导电性时，则借助电离理论模型创设情境，主要通过原理示意图结合栏目提问的形式来呈现。将学生较难理解的理论性知识以直观、生动的形式呈现出来，有效激发了学生的想象能力、模型认知能力和创新精神，促进其对知识的理解。

（三）动手实践操作情境

化学实验创设的情境是通过动手实践操作得以将素材呈现给学生，可以是教师的实践操作，也可以是学生的实践操作。通过教师实践操作化学实验呈现给学生的情境不如学生动手操作来的印象深刻，获得的信息也不如学生本人实践操作的多，思维的活跃性也如此。在化学实践活动中，教师除了围绕课本开展各类实验强化学生的动手能力，还要积极创造外出参观和学习的条件，在生活中丰富学生的社会阅历，拓展学生的实践场地。如学习"乙烯与高分子有机物"时，除了引导学生掌握乙烯与高分子有机物的理论知识，教师可以带领学生参观化工工厂，使学生直观看到以乙烯为原料制取高分子化合物的过程。又如在学习"化学与环境保护"内容时，教师可以将学生分组，要求学生开展课外实践调查活动，使学生在活动中树立环保意识，明确保护自然生态环境的重要意义。通过这些途径和方法，显著加强了学生的实践能力，对促进学生全面发展极为有利。

（四）体态语言情境

以教师体态语言创设的教学情境容易提高学生的感知效应，唤起学生的情感共鸣，使学生联想到真实的场景，主观感受得到强化。教师前倾的身体、期待的目光、温暖的微笑，能让学生如沐春风，达到"亲其师、信其道"的良好教学效果，即体态语言创设的教学情境对学生的认知活动起着重要的导向作用。语言的描述提高了感知的效果，情境会更加鲜明，并且带着感情色彩作用于学生的感官。如在学生回答问题的过程中，教师适时邀请其他同学进行评价，"他的这种说法你认为可不可行？"学生说"可行"，教师追问"依据是什么？""其他同学有没有疑问或补充？"然后用充满期待的目光注视学生。学生接受教师体态和语言传达的感情与色彩，进入特定的学习情境，愉快地开启了对化学知识的探索之旅。

（五）现代化媒体情境

热点新闻类的教学情境常以这种方式呈现给学生。该呈现方式能利用其声音及不断变化的画面冲击学生的各种感官，不仅使课堂气氛轻松愉快，容易调动学生的各种情绪体验，学生能印象深刻地接收信息，易激起学生的创造性思维，还可以使抽象的概念具体化，深奥的道理形象化，枯燥的知识趣味化。从信息论角度看，运用现代化教学手段更有利于信息的传播和吸收。现代化教学手段包括幻灯片、投影、录音、电视等多媒体教学手段，这些手段和传统的教学媒体相比，具有形声性、展现性、先进性、高效性等特点，它能有效地利用图像、声音、色彩等形式来传递教学信息，使教学内容能较好地接近客观实际，使学生不但能置身于课堂教学材料所描述的情境之中，较好地理解教学内容，还能激发学生的学习热情，培养学生的观察能力和思维能力，起到事半功倍的效果。

二、按照情境产生的场景分类

（一）生产生活情境

化学是与生产生活联系非常密切的学科，化学与社会生活密切相关，真实的社会生活情境能使学生了解化学对人类文明发展的巨大贡献，认识化学在实现人与自然和谐共处、促进人类和社会可持续发展方面所发挥的重大作用，相信化学必将为创造人类更美好的未来做出重大的贡献。所以学生学习化学的过程不仅是学习化学知识以及运用所学知识解决生活实际问题的过程，更是发展学生化学学科思维能力、提升学生化学学科核心素养的过程。教师应当结合教学内容积极创设生活化情境，建立起化学知识与学生现实生活之间的有效联系，让学生更多地把化学知识应用于生活实践，形成相应的探索意识和化学应用思维，进而实现化学综合素质的协同化发展。

（二）社会热点情境

基于化学核心素养下的要求，化学教师在开展课堂教学时还应关注社会热点与化学课堂教学的融合，即社会热点是教师创设化学学习情境的重要载体。由于教材内容的更新程度不能体现社会发展的最新变化，所以化学教师应在教学中及时关注与化学教学内容相关的最新科技动态和社会事件，在教学内容过程中善于从最新科技动态和社会事件中挖掘与其相契合的热点素材，通过改变将社会热点情境中蕴含的化学问题与教学内容相结合，从而唤醒学生的知识探究欲望，进而促使学生利用社会热点问题强化对化学知识的迁移能力，在学习中形成了强烈的社会责任感，不仅有利于学生认识到化学与科技进步和社会发展是密切相关的，还充分体现了课堂教学的时代性与时效性，真正落实了学科素养下的教学目标。

（三）化学实验情境

化学是一门以实验为基础的自然学科，通过实验创设问题情境，再现知识的形成过程，让学生在充满新鲜和好奇的心理情境中完成教学，能有效激发学生的学习兴趣，帮助学生理解化学概念和化学原理，提升他们观察、分析和解决问题的能力。化学实验情境符合学生的认知，研究表明，绝大多数的学生对化学实验都有着浓厚的兴趣。在教学过程中，教师要充分挖掘和创设化学实验教学情境，通过化学实验来引发思考和讨论，利用化学实验对同学们提出的猜想和假设进行验证，不断强化学生的交流与合作能力，发展学生的评价能力，让学生体验科学探究中推理和判断的重要作用，这些实验情境都能有效培养学生的创新意识与探究能力的核心素养。

（四）科技文献情境

由于化学在社会发展和科技进步中的作用越来越明显，所以在教学中创设科技文献情境，通过选取化学科学技术领域前沿、热点的成果，不仅能突出化学研究在社会生活和工业生产中发挥的应用价值，同时将领域前沿、热点问题与高中化学教学内容相联系，还可以让学生在学习化学知识的同时感受化学科学的发展与价值。所以化学课堂教学要不断适应当代社会的发展需求，要做到与时俱进，彰显化学课堂教学的"时代性"。化学教师要加强对前沿科技的关注程度，并具备将前沿科技知识，如环境的保护、资源的开发利用、功能材料的研制、生命过程奥秘的探索等与化学知识息息相关的内容与课堂教学内容有效整合，创设出科技文献的真实情境，不仅能凸显化学学科价值，提升学生分析问题和解决问题的能力，也能让学生了解未来学科的发展方向，不断促使学生形成正确的价值观。

（五）化学史料情境

我国著名化学家傅鹰教授有一句名言："化学给人以知识，化学史给人以智慧。"化学的历史是一部化学方法和化学智慧的历史，在化学学习中，了解科学知识的发展历程，可以促进我们正确理解科学本质。所以化学史创设的教学情境不仅可以激发学生对科学家的钦佩之情，潜移默化中给予学生坚毅等品格的精神熏陶，还可以把学生带入历史的轨迹中，去体验历史名人发明创造的过程，更好地训练学生的科学思维和科学方法，培养学生的科学品德和科学精神。采用这些材料创设情境，挖掘或寻着前人思考的足迹，感受科学家们处理大量信息、材料的风采，对学生思维水平的提高、思维品质的改善是大有帮助的。

三、按照情境的内涵特征分类

（一）探究性情境

新课标强调学生素养的形成与发展只能通过教学情境来实现，教学情境通过激活学生的思维引发积极的探究，这样的学习体验过程有助于培养学生解决实际问题所需要的关键能力。建构主义和情境认知学习理论都强调学习过程是学生在真实的体验性活动中建构知识，学习过程中通过构建"学习共同体"而参与有目的的模仿活动而形成认知。科学的本质是探究，学生学习科学的最好方式就是模仿科学家的探究过程。科学探究不是单个科学家在实验室完成的认知发现，而是科学家作为一个科学共同体推进科学知识不断进化的过程，它是一种社会构建过程。探究性情境就是教师在课堂教学过程中创设一种类似真实科学研究的环境，让学生身临其境地进行学科知识的学习。每个人都是在他人成果的基础上开展深入研究，在实践共同体内发表自己的思想，接受共同体中其他成员的评价，最终形成自己对知识的意义构建。探究性教学情境要求模拟科学家进行科学研究的过程，是化学课程中最理想的一种情境。对于那些有志于从事科学研究事业的学生来说，这种探究的情境极有利于培养他们的探究精神、问题意识，以及动手实践和解决实际问题的能力。探究性教学情境本质上是教师创造的一种与科学研究相似的教学环境，要凸显获得科学知识的手段或方法，所以科学实验是去情境化的，单纯的化学实验不一定能创设探究性教学情境。

（二）过程性情境

当科学知识回归科学知识形成和发展的历史背景中，我们就能从中找到知识产生的条件、背景，以及知识的形成过程，从而认识科学知识形成和发展的历程，这样的学习过程不仅可以避免学习的枯燥和乏味感，同时还可以让学生认识到知识的相对性和发展性。所以引入化学知识的发展史就是一种非常重要的过程性教学情境。在教学过程中创设化学发展史教学情境一定要遵循教学要求，对化学发展史进行有效整合，选取的关键节点不仅要准确，而且要与学习的内容相匹配，同时不能简单机械地将发展史呈现出来，要适当补充一些生动而具体的、有利于课堂教学的、可以激发学生学习兴趣的情节，这样才有助于学生了解知识产生的来龙去脉，促进学生对学科知识和学科本质的深刻理解。

（三）经验性情境

学生知识的形成过程基于学生已有的经验，学生已有的经验知识是影响学生学习最重要的因素。在课堂教学中，经验性的教学情境有利于强化学生新知识与已有知识经验的联系，让学生感受到化学与自身的生活经验息息相关，这样就可以激发学生的学习兴趣，调动学生学习的积极性。课堂教学中如果教师提出的问题基于学生已有的经验，那么教学过程中就可以满足学生的主观需求，就能够唤起学生的学习动机，学生探索新知的过程就是主动探索和自主构建的过程。主动探索和自主构建的过程也一定是促进学生潜在能力充分发展的过程。经验情境的创设应该是基于学生所熟悉的、已有经验的情境创设。创设情境的目的是引入问题，激发学生的学习动机。如果创设的情境远离学生的经验与知识，它就无法起到激发学生学习动机的作用，反而会起到阻碍作用。所以经验性教学情境的创设越贴近学生的日常生活经验就越能够激发学生的学习兴趣，让学生感受到化学学习的重要性和价值作用。

（四）叙事性情境

课堂教学的一个重要作用是激发学生对学科知识的兴趣，让学生在学习过程中获得情感体验，培养学生学习的内部动机。叙事性教学情境就是在教学过程中以讲述事实或者新闻轶事的方式给学生提供良好情感体验的情境素材。叙事性教学情境展示给学生的情境素材不但要激发学生的学习兴趣和动机，让学生获得积极的情感体验，更要注重启发和引导学生积极思考，因此在展示情境素材后教师要提出一系列的有思考价值的问题，引导学生选择相关信息进行深入思考，这些信息引导学生在进行积极思考的过程中完成对知识的意义构建，形成特定的知识和学科观念。

第三章

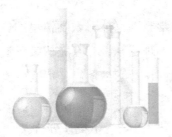

化学教学情境创设

第一节　化学教学情境的现状调查

为进一步了解教学实践中的教师对教学情境的认知现状，广大一线教师在情境教学方面处于一种怎样的状况、存在怎样的问题，我们分别对不同层次学校的高中化学教师进行了问卷调查，并对调查结果进行了梳理。

对教师基本信息的数据统计显示：参与调查的教师以中青年为主，职称分布于各个职称段，调查数据能够反映化学教师群体对教学情境的普遍认识，可以看出大部分化学教师能够了解与教学情境相关的理论知识，在完成教学设计时大部分教师都能对教学情境有一定程度的关注，这说明创设教学情境已经成为广大教师教学活动中不可或缺的一个环节。

作者对教学情境认知的三个维度进行了统计分析：

（1）为何要创设教学情境？——对教学情境内涵与功能的认知。数据统计显示：93.8%的教师认为有必要创设教学情境，图片、表格信息以及小视频是教师普遍认可的教学情境素材，教学情境的普遍特征是真实性、生活性、学科性、问题性、情感性。88.6%的教师认为教学情境的主要作用是引导学生的学习行为、激发学生的学习兴趣、引导学生主动思考与探究，教师创设教学情境的目的是激发学生的学习兴趣。77.1%的教师认为教学情境的设计应该充分考虑教学目标的达成，说明教师更加关注教学情境的教学价值。从以上数据分析可知，绝大多数教师创设教学情境是为了提高课堂的教学效果。

（2）如何创设与应用？——对教学情境设计与应用的认知。数据统计显示：85.4%以上的教师认为创设教学情境之前需要做适当的准备，且90%以上的教师认为创设教学情境之前需要分析教学内容、有效分析学情。82.0%以上的教师认为创设教学情境所用的素材主要来源于生活经验和网络信息，且91.7%的教师更乐于利用播放多媒体课件的形式呈现教学情境，说明在信息社会中，广大教师会充分利用网络、多媒体充实教学。但70.8%的教师创设教学情境所用的素材来自课本已有内容，说明随着教师对网络信息关注度的提高，教师对课本资源的关注度会下降。93.8％以上的教师都会利用适当的方式引出教学主题，说明教师重视教学手段在课堂教学中发挥的作用。70.8％的教师认为阻碍自己使用教学情境的主要因素是教学任务繁重，说明完成繁重的教学任务与利用教学情境丰富教学活动之间存在一定矛盾，广大教师还需要进行深度钻研与学习，来解决以上矛盾。

（3）使用的效果如何？——对教学情境评价与改进的认知。数据统计显示：93.8％以上的教师认为教学情境的真实性与学生发挥主动性、构建知识关系密切；100％的教师认为在教学情境创设时，有意识地通过新旧知识、概念、原理与应用之间的意义联系，发展学生解决问题与迁移应用的能力很有必要；100％的教师认为教学情境的好坏会影响学生对化学的认知，且97.9％以上的教师认为在创设教学情境时需要考虑学生对知识的接受能力，说明教师普遍重视教学情境对学生的影响。所以对教师进行适当的培训提升很有必要。

第二节 化学教学情境创设的基本原则

一、紧扣教材原则

教学情境的创设需要在教师对教材内容进行全面分析后，紧扣教材内容，并且对素材进行深入挖掘，按照教材呈现的知识进行创设教学情境，使教学内容与情境进行更好的融合。例如在学习"氯气的性质"时，教师可以结合教材中对学习内容的呈现方式创设教学情境：以瑞典化学家舍勒在科学研究过程中将软锰矿（主要成分为MnO_2）与浓盐酸混合产生的黄绿色气体误判、英国化学家戴维对氯气的确认为教学情境，然后将教材中设置的"思考与讨论"作为促进学生思维提升的突破口，这样不仅在课堂教学中引导学生掌握了氯气实验室制取的基本原理，同时还可以通过氯气发现史的学习揭示化学发展过程中所采用的化学研究的思路、化学科学方法和化学思维活动，并与学生原认知结构进行联系、接收，最终转换、吸纳为学生内在的认知，并逐步引发学生深层次的思考。这样创设教学情境能更好地将教材融入学生的学习活动之中，加强学生对教材的重视，让学生体会到教材是学习活动中最好的素材。

二、科学真实原则

教师在对教学情境开展创设的过程中，不仅需要保证情境的真实性，让情境更好地贴近现实，而且教学情境要符合学科知识发展的科学性。例如在课堂教学过程中教师应尽可能通过真实的实验过程来引导学生探索知识的发生和发展过程，而要尽可能地避免使用虚拟的实验过程。正如戴维所说："化学实验的基础是观察实验和类比。通过观察，事实被清楚细致地引入心灵；通过类比，相似的事实被联系起来；通过实验，发现新事实。在知识的进步中，观察在类比的指引下走向实验，类比则由实验验证变成科学真理。"可见，实验是探究科学真理的重要保证，更是推动社会科技进步的基石，而实验设计是开动实验的前提，创新、有效的实验设计务必以科学性为标准，以直观性为特色，以简约性为目的，以安全性为保障。

三、引发思考原则

教师在情境的创设过程中应对真实的情境进行再现，可以通过一系列的问题链，这样不仅能促进学生对问题的思考，有利于问题的解决，还能促进学生思维的不断进阶。如在学习"化学反应的速率和限度"时，可以先创设如下实验教学情境：首先取2mL 0.1mol·L^{-1}FeCl$_3$溶液于试管中，加入稍过量的铁粉，振荡、静置。然后提出问题：Fe^{3+}与铁粉反应了吗？Fe^{3+}反应完全了吗？如何证实你的判断？在学生对所得溶液中Fe^{3+}进行检验后可以得出结论：Fe^{3+}与铁粉完全反应。然后继续设问：是否具有还原性的物质都可以将Fe^{3+}完全还原呢？同时取2mL 0.1mol·L^{-1}FeCl$_3$溶液于试管中，再滴加2mL 0.3mol·L^{-1}KI溶液，继续提出问题：Fe^{3+}与I^-反应了吗？Fe^{3+}反应完全了吗？如何证实你的判断？学生可以通过对所得溶液中的碘单质和Fe^{3+}继续设计实验进行检验，继而得出结论：反应 $2Fe^{3+} + 2I^- \rightleftharpoons 2Fe^{2+} + I_2$存在一定的限度。即从以上实验探究中可以发现有些反应是有限度的，是可逆的。通过实验情境探究证据推理建构可逆反应的概念，引导学生对蕴含的化学问题进行层层递进的思考，认识到可逆反应并不能进行到底，即存在反应的限度，进而基于宏微结合的视角认识化学反应本质，不仅能形成严谨求实的科学态度，还有利于对学生高阶思维的锻炼。

四、生动简明原则

课堂教学中创设的教学情境应该直观、简洁、生动，这样不仅有利于学生直接触及学科的本质问题，还有利于学科问题的解决，更有利于学生知识的结构化和思维观念的结构化。例如创设教学情境：钠遇到水发生燃烧爆炸，进而设置如下问题引导学生思考。

问题1：钠与水究竟能发生怎样的反应？你能否预测一下？你是依据什么进行预测的？（引发学生对钠的化学性质进行预测的欲望）

问题2：你用什么样的方式对你的预测进行探索？（引导学生设计化学实验进行探索，发展了学生"科学探究"获取知识的能力，科学探究过程中本身就包含创新思维）

问题3：通过实验结论评价你的预测是否正确？对你有什么启示？

这样通过设置有导向性的驱动性问题，不仅能够引导学生主动探索钠与水反应的本质，同时有利于学生体会化学研究的本质特色，使学生从被动接受到主动思考，培养学生形成思维的习惯，这样获得的知识不是浅表化、碎片化的，是结构化和功能化的，这样的问题能有效提升学生的思维深度。有思考价值的问题要源自教学情境，让学生的思维自然发生；问题要逻辑清晰，可形成层次递进的问题链，让学生的思维清晰而且能使思维结构化；问题要指向学科思想和方法，帮助学生获得对学科价值和学科本质的认识；问题要指向问题解决的方法和策略，提升学生解决复杂情境中实际问题的能力。所以有思考价值的问题是学习活动中学生思维过程的具体表现，是促进高阶思维真正发生的重要抓手。

五、正面情感体验原则

教师在情境创设过程中应该加强学生在课堂中的情感体验，增强学生的学习兴趣，并且在这一过程中使学生更好地参与到课堂学习中去，更好地掌握知识，从而增强自信心。学生的负面情绪会给学习造成阻碍，因此，教师应该及时关注存在负面情绪的学生，帮助学生进行心理疏导、调整情绪。化学科目在学生的学习过程中应用十分广泛，教师应该对生活中的化学应用进行分析来帮助学生建立正面的情感体验，例如化学能够较好地对生活中的污水进行有效处理，这样不仅让学生认识到化学与人们的生活密切相关，而且还对人类社会发展具有积极的作用，这样可以强化学生对化学的重视程度，有利于学生更好地学习化学。

第三节 化学教学情境创设中对情境素材的整合

一、"真实情境"素材的选择

要创设课堂教学情境，首先要选择合适的素材。如何从纷繁复杂的生活、生产及丰富的化学史、社会热点事件中选择、提炼合适的真实情境素材呢？这既给教师带来挑战，也是教师信息素养的体现。"真实情境"素材的选择要依据教学目标，立足学生起点，满足教学需求，最终达到优化教学效果的目的。

（一）依据教学目标：体现"三个核心"

情境的创设是服务于课堂教学的，课堂教学中的情境素材不应是简单的情境资料的堆砌，而应依据教学目标进行精心选择。真实情境的素材要蕴含化学核心知识，让学生以知识为工具来认识问题、分析问题，在解决问题的过程中提炼出学科核心思想方法，从而培养学生发展的核心素养。例如，在学习二氧化硫的性质时，在引导学生认识二氧化硫虽然有毒性，但是在食品中添加适量的二氧化硫可以起到漂白、防腐和抗氧化作用，所以二氧化硫在蜜饯、干果、食糖、果酒等食品的加工中具有重要的作用，但是如果使用不当就可能造成二氧化硫在食品中的含量超标，从而对人体产生危害，所以在食品加工过程中使用二氧化硫一定要严格按照使用标准，这样就可以引导学生学会运用辩证的观点看待化学物质的使用，科学合理地分析化学物质在人类社会发展过程中所起到的重要作用和对人类产生的各种影响，进而认识到科学合理地使用化学物质的重要性。教师要多途径地从丰富的情境资料中选取能体现出学生所要学习的核心知识、核心思想方法的素材，通过认真推敲、仔细研究、精心编排来创设出真实的情境。

（二）立足学生起点：关注已有经验

真实情境素材的选择需要充分把握学生的实际认知状况，了解学生已有的知识储备与即将学习的知识之间的关系，分析学生已掌握的化学研究方法与新学习内容所蕴含的科学方法的相关性，分析新知识中所蕴含的情感、态度与学科观念。即我们须以学生的已有知识经验、接受能力、心理需求为起点来选取情境素材。哪些素材是学生熟悉的？

哪些素材的呈现利于发展学生的学科思维？哪些情境素材对发展学生的化学学科核心素养最有价值？如我们在选择化学史作为情境素材时，一定要把化学知识和化学理论产生过程中符合学生思维水平的、蕴含问题探究点的环节通过整合的方式挖掘出来，让学生在已有知识经验的基础上完成对新知的建构过程。即创设教学情境时应立足于学生的起点，选择隐含一定的问题探究点并能促进学生思维发展的情境素材。

（三）满足教学需求：明确目的任务

情境素材的选择要明确该情境创设的目的任务，是为了引出主题还是归纳总结（情境素材绝不仅仅是为了引入新课），是激发兴趣还是修正错误认知，是开拓视野还是强化认知，针对不同的目的任务，有针对性地选择情境素材，这样才能创设恰当的情境，才能满足教学的实际需求。如在必修阶段学习乙醇的性质时，以"如何测酒驾"为主题创设教学情境，首先通过"为何要测酒驾"引出乙醇对人体的危害、"如何能测酒驾"引出乙醇的物理性质（颜色、挥发性、溶解性、熔沸点等）和化学性质（与金属钠的反应、与氧气的燃烧和催化氧化反应、与高锰酸钾和重铬酸钾溶液的反应等）的学习和探索、"还可以怎样测酒驾"引出利用燃料电池、设计灵敏性更强的新型酒精测试仪等一系列的探究过程，将教学情境素材与教学内容有机融合，这样的情境具有明确的目的性，不仅能满足教学的实际需求，同时还能让学生在学习乙醇知识的过程中感受到化学知识在生产生活中的价值和作用。

二、情境素材的加工与呈现

"情境素材"不等同于"教学情境"，只是教学情境的重要来源之一。从情境素材到教学情境转化的核心问题在于如何有效加工、呈现选定的素材来实现教学目标。真实的生活、生产、实验中包含着真实的情境素材，但很多素材包含众多复杂的内容，需要我们进一步加工与修饰才适合在课堂中直接呈现。

（一）整合素材以切合教学主题

素材可能包含众多与化学有关的知识、方法，我们需要将这些素材去繁化简、抽丝剥茧设计成真实情境，以切合教学主题，为学生在课堂上参加主题学习提供框架。为呈现完整的教学主题，我们可将素材进行整合，将大情境分解为若干个小情境来支撑不同的环节。如在必修阶段学习乙醇的性质时，对于"测酒驾"统摄乙醇性质的教学素材，就是将其分解为"为何要测酒驾""如何能测酒驾""还可以怎样测酒驾"三个活动环节，不仅完成了对乙醇知识的认知，同时建构了认识乙醇的知识网络，形成对乙醇知识的结构化认知。

（二）提炼问题以设计教学活动

化学教学情境的本质属性是蕴含学科问题，核心内涵是引导知识建构，情感取向是弘扬学科价值。有价值的教学情境一定是隐藏学科问题的情境，因此我们要从选出的情境素材中提炼出化学问题，引发学生的认知冲突，激起学生的求知欲，设计教学活动让师生围绕主题、针对问题展开探究。如在人教版选择性必修2"分子结构与物质的性质"教学中，通过教学情境"微波炉加热饭菜的原理"引导学生认识水分子为极性分子，进而通过"分子的极性及其判断方法""键的极性对化学性质的影响""极性对物质性质影响的价值（分子修饰）"等教学环节，不仅将"微波炉加热饭菜的原理"中蕴含的分子的极性知识与生活常识相融合，同时将化学研究中的"分子修饰"与分子的极性知识相结合，让学生不仅感受到化学原理与生产生活密切相关，还能感受到通过改变分子的极性来改善物质的性质，这样可以使化学物质更好地为人类社会服务，这样学生就能从更高层面感受化学的价值和作用，为树立科学观念提供真实的素材。

（三）优化情境素材的呈现方式

1. 要重视素材呈现的连贯性

我们选择的情境素材可能是一个个孤立的"具体事件"，在教学中要将这些情境素材"串起来"使用，注意其使用的连贯性，才能使多个小情境有机组合成一节课的大情境。如对于"测酒驾"统摄乙醇性质的教学素材，将乙醇对人体的危害、乙醇的性质以及乙醇在人体内含量的测定设计为层层递进的"为何要测酒驾""如何能测酒驾""还可以怎样测酒驾"等连贯性的学习活动过程，使得整个课堂教学过程融为一个整体，这样学生的思维进阶才能得以不断发展。

2. 要重视素材呈现方式的多样化

教师通过创设情境将真实世界中的事件搬到课堂中来，将学生带入事件中，身临其"境"地学习。教师要采用一定的教学手段生动形象地呈现情境，使其具有真实性，所以情境素材要结合教学需要，以文字、图像、数据、视频、实验、实物、模型以及教师语言和肢体动作等多种方式和手段呈现出来，让学生在不同的情境素材中感受化学的魅力和价值。

综上所述，真实情境素材转化为课堂教学情境，需要整体考虑素材的选择、加工与呈现。

第四节　化学教学情境的创设途径与方法

　　学科核心素养的培养是个长期的过程，同时化学学科核心素养的五个纬度在不同的教学内容中有不同的侧重点，所以不是每一节的教学内容都能涉及核心素养的每一个方面，所以教师在教学实践中要精心选择教学资源，在教学过程中围绕化学学科核心素养科学合理地组织和设计教学内容，要充分挖掘不同的知识内容中每个教学环节所蕴含的核心素养的教育价值，积极创设真实的问题情境以满足当前新课程教学的需要。

一、创设生活化教学情境，强化"宏观辨识与微观探析"

　　化学知识来源于生活，以培养核心素养为目标的教学，要创设关注学生生活经验的教学情境，引导学生从宏观上观察、感受、表述生产生活中的变化现象，从微观结构上认识、理解、释问变化的实质，进而学习用化学符号进行表达、交流物质的性质与变化，这样不仅能强化学生对微观知识的体验，形成宏微结合的思维习惯和思维意识，还能引导学生从元素、原子、分子的角度去分析物质的结构和性质，得出"结构决定性质，性质决定应用"的观念，能根据物质的微观结构预测物质在特定条件下可能具有的性质和可能发生的变化，进而引导学生站在宏观和微观的角度去解决遇到的实际问题。

　　案例1："氯气"教学片段

　　情境：展示海水的氯引出氯元素，进而引出教学内容——氯气的化学性质。

　　设问："84"消毒液与洁厕灵为什么不能混合使用？

　　过渡：（1）播放视频，提出"84"消毒液与洁厕灵不能混合使用的问题。围绕此问题，利用"84"消毒液与洁厕灵制取氯气，通过设计实验过程，完成氯气的制取和有关性质实验（氯气与水、干湿布条、$AgNO_3$、$NaOH$以及与$NaBr$、KI的反应，实验过程略）。

　　（2）针对观察到的实验现象，结合已有的知识及氧化还原反应、质量守恒定律、离子反应的实质等知识分析氯气的物理和化学性质。

【设计意图】创设来自生活中的真实情境，引导学生通过认知过程，初步获取关于氯气的物理性质和化学性质，进而发展学生的核心素养；通过氯气的制取和性质实验，分析有关实验现象所发生的反应，根据质量守恒和氧化还原反应过程中的电子转移情况推测产物，根据实验现象得出氢离子、氯离子的存在等，体现了对学生"宏观辨识与微观探析"的培养。

化学情境是化学知识产生的背景，蕴含着丰富的化学知识和化学思想方法，是发现和提出化学问题的主要前提，所以在进行课堂教学时，教师应结合化学"核心知识"所包含的核心素养的教育功能，以生活化的情境为载体，引导学生围绕化学"核心知识"创设营造独立思考、自主探究、勇于创新的良好环境，从而让学生学会发现、学会合作和学会自主学习，促进学生深度思考，这对发展学生核心素养有特别重要的意义。

二、创设对比型教学情境，感受"变化观念与平衡思想"

"变化观念与平衡思想"是对物质发生化学变化的条件、方向、限度和变化规律等及其相互关系的基本认识，既是化学学科重要的观念，又是化学问题解决的思维视角。在教学实践中，教师要通过创设教学情境，引导学生感受物质的变化以及化学变化是有条件的、可控制的，能形成化学变化中元素守恒和能量转化守恒的观念，能从变化与平衡的对立统一的视角考察分析化学反应和解决化学问题。

案例2："高考氧化还原反应的复习"教学片段

情境：将榨好的鲜苹果汁分成两部分，将果汁一部分装入矿泉水瓶密封，另一部分置于锥形瓶中。

观察：对比观察在不同条件下果汁的变化情况。置于锥形瓶中的果汁由浅黄色变棕褐色，而矿泉水瓶中的果汁没有发生变色。

设问：结合自己已有知识解释为什么会有这样的"变色现象"？

讨论：通过观察对比，学生从锥形瓶与矿泉水瓶中果汁的影响因素的异同点入手进行分析。

解释：果汁露置于空气中发生颜色变化，是因为被空气中的氧气氧化。至此"变色现象"得到了合理解释。

设问：为什么喝商品化的苹果汁时未发现果汁颜色有变化？

过渡：可能是商家在果汁中添加了某些物质。那加入的物质又该具有什么性质呢？有还原性。

展示：在PPT中出示某品牌苹果汁的成分说明书，证实学生的猜测。

设问：已经变色的果汁可以恢复原来的颜色吗？通过什么方式？

实验：变色的果汁加入柠檬汁（富含维生素C），颜色变浅。

追问：在上述变化过程中还有哪些常见的物质可以作为还原剂呢？这些物质间的还原性大小相同吗？大小不同的还原性的顺序又该怎么证明呢？（后续教学过程略）

【设计意图】在教学过程中，学生的学习兴趣被不同环境中果汁的变化不同的情境所激发，通过围绕的"氧化还原反应"的问题展开对氧化还原知识的复习，进而对比不同条件下发生的不同的化学变化，引导学生感悟到化学反应是有条件的、可控制的，不同物质之间可以相互转化，显然这样的教学过程体现了对学生"变化观念与平衡思想"的训练。

自然世界是物质的，物质是变化与运动的，同时随着科学技术的日新月异，几乎每天都有新材料、新物质产生，这些都离不开化学变化。化学变化的本质就是有新物质生成。这些新材料、新物质是如何产生的？怎样让化学更好地为人类服务？这就需要我们通过精心创设情境让学生去领悟和理解化学变化的实质和规律，认识到化学变化是有条件的，通过调控化学变化为我们所用，进而去处理生产、生活中的问题，才能促进社会的和谐与发展。这是人类对自然世界认识过程的一次思维的升华，这也是增强认识能力、掌握科学方法、提高科学素养的重要体现。

三、创设任务型教学情境，强化"证据推理与模型认知"

"证据推理与模型认知"是对化学物质及其变化的认识方式，教师在教学实践中通过创设任务型教学情境，用任务激活学生的认知结构，建立新旧知识联系，驱动学生收集、提供证据，依据证据展开探讨，对物质的性质和变化进行分析推理，发展学生认识不同化学现象背后的共性规律，引导学生逐步从掌握知识上升到深化和理解知识、应用知识发展化学观念、构建化学思维模型。

案例3："金属的电化学腐蚀"教学片段

课前：全班同学分组调查校园内金属材料的腐蚀情况，收集图片证据，课堂汇报交流。

展示：（节选）

（1）教学楼东西面的铁栏杆腐蚀得比南北面严重（受降雨、周围环境的影响）。

（2）卫生间的金属材料比其他场所腐蚀严重。

（3）铝合金制品、镀锌管等腐蚀轻微。

（4）不同材质管道连接处腐蚀严重。

（5）操场栏杆油漆破损处腐蚀加剧。

……

设问：为什么钢铁在潮湿的空气中比在干燥的空气中更易被腐蚀？

展示：通过PPT出示钢铁的析氢腐蚀、电化学腐蚀示意图。

设问：影响金属腐蚀的因素有哪些？

实验：铁的吸氧腐蚀。

（后续教学过程略）

【设计意图】创设任务型教学情境，引导学生带着任务去探索、去发现，通过寻求的事实证据探寻金属腐蚀的原理，再通过多媒体展示钢铁的析氢腐蚀、电化学腐蚀示意图，引导学生从微观层面理解金属腐蚀的实质，再通过演示实验，抽象出电化学腐蚀的认知模型，体现了对学生"证据推理与模型认知"的培养。

化学教学的学习目标不仅能引导学生掌握知识和技能，还能通过一系列的高质量的学习（如学生的预测、设计、分析、解释、证明、评价等），促进学生感悟和体验隐含在问题解决过程中的学科思维和方法，获取化学问题的解决策略。要完成高质量的学习，就需要通过任务驱动来完成学习过程，而任务的设置要以学生为主体，要对课堂教学内容进行全面分析，要把教学内容细化为若干个小目标，通过教学情境把每一个小目标细化为相应的任务，这样才能够激发学生参与学习的兴趣和热情，学生带着这些小任务去学习，思考问题、分析问题、讨论问题、认识变化的实质，依据物质及其变化与模型之间的内在联系，建立解决化学问题的基本框架，进而提高化学核心素养水平。

四、创设探究性教学情境，强化"科学探究与创新意识"

新化课程标准强调，"通过以化学实验为主的多种探究活动，使学生体验科学研究的过程，激发学生学习化学的兴趣，强化科学探究的意识，促进学习方式的转变，培养学生的创新精神和实践能力"。所以通过高中化学课程的学习，学生应具有科学探究意识，能发现有探究价值的化学问题，提出合理猜测与假设；能依据探究目的设计并优化实验方案，正确实施实验探究方案；具有分析、处理信息，描述、解释实验探究结果的能力；具有合作与交流的意愿与能力，能对实验探究的过程与结果进行质疑和批判、评估和反思。

案例4："海水资源的开发利用"中碘的提取教学片段

情境：碘是人体不可缺少的微量元素，碘主要来自海产品（播放视频介绍海洋中碘元素的存在形式）。

提出问题：如何检验海水中存在I^-而不存在I_2？

猜想与假设：如果海带中存在I_2，加入淀粉溶液会变蓝色；如果海带中存在I^-，可以先将I^-氧化成I_2，再加入淀粉溶液检验。

制订计划：①将海带剪碎、用水浸泡，取少量浸取液加入淀粉溶液检验；②取少量海带浸取液于试管中，加入10滴$3mol \cdot L^{-1}$的H_2SO_4溶液、$1mL10\%$的H_2O_2溶液，再加入淀粉溶液，观察现象；③将海带灼烧成灰、溶解过滤，取少量滤液于试管中，加入10滴$3mol \cdot L^{-1}$的H_2SO_4溶液、$1mL10\%$的H_2O_2溶液，再加入淀粉溶液，观察现象。

实验验证：按制订的计划规范操作，完成实验过程。

收集证据：实验①溶液没有出现蓝色；实验②③溶液均出现蓝色，但实验②比③中的蓝色要浅。

结论与解释：实验证明海带中不存在I_2，而存在I^-；H_2O_2将I^-氧化为I_2。

反思与评价：还可以选择哪些物质氧化I^-？除了用淀粉溶液检验生成的碘，还可以采用什么方法？如何分离生成的碘？实验③将海带灼烧成灰的作用是什么？灼烧成灰的过程中，碘元素会不会发生变化？

表达与交流：学生通过小组讨论，得出还可以选择氯气、酸性高锰酸钾、稀硝酸等氧化I^-，综合考虑选择H_2O_2和Cl_2更适合。生成的碘可以用有机溶剂萃取分离，实验③将海带灼烧成灰的作用是富集碘。

【设计意图】通过对海洋中碘元素存在形式的探究，引导学生亲自参与科学探究的全过程，鼓励学生通过观察、比较、类比等探究手段，提出种种假设和猜想，激活了学生的创新欲望。学生在自己"探究碘元素的存在形式"这一化学实质的过程中，通过动眼观察、动手操作、动脑思考和动口阐述，锻炼自己的创新思维，进而促进了"科学探究与创新意识"的发展。

探究性实验教学比验证实验有更广阔的活动空间和思维空间，可以激发和满足不同层次学生的探究和创新欲望。在探究活动中给学生提供充分的自主权，教师应选取合适的需要探究的问题作为教学内容，在探究过程中要创设出新颖、有趣、能唤起热情、吸引学生注意力的教学情境，设计一系列有针对性、启发性的问题作为铺垫，这是促使学生发现、提出有价值的问题的切入点。教师要结合相应的知识带领学生进行深入探究，教给学生探究的思路和方法，要充分激活学生的创新欲望，利用学生的原有知识，引导学生在运用知识的探究过程中有所"创新"地解决问题，以使学生的创新意识逐步得以提升。

五、创设应用型教学情境，体会"科学精神与社会责任"

"科学精神与社会责任"是指在认识化学科学本质和化学科学的价值，理解科学、技术、社会、环境（STSE）关系的基础上，逐渐形成的对化学科学技术应有的科学精神和社会责任感。新课标强调，学生要具有崇尚科学和严谨求实的科学态度，关注与化学有关的社会热点问题，积极参与与化学有关的社会实践活动，深刻理解化学、技术、社会和环境之间的相互关系，赞赏并致力于应用化学科学技术促进社会发展，勇于承担和分析化学过程对人类社会可能带来的各种影响的责任，形成可持续发展的观念。

案例5："氨气的性质"教学片段

情境：利用PPT展示哈勃、波什、艾特尔这三位诺贝尔化学奖获得者的详细资料，介绍他们的获奖均与工业合成氨有关。

设问：合成氨工业的社会价值有哪些？

过渡：合成氨工业的价值是生产出的氨气大部分用于制造化肥，从而大大提高粮食的产量，解决了世界上很多人的温饱问题。

【设计意图】利用化学家用氨气来制造化肥，大大提高世界粮食产量，解决世界温饱问题这一教学情境引导学生认识化学学科的价值和魅力，培养学生的科研精神等，进一步感受化学家的研究成就对世界的贡献，突出"科学精神"教育，培养学生的社会责任感。

化学知识的形成、发展和应用过程中蕴含着丰富的科学思想和科学方法，饱含严谨的科学态度和科学精神，所以教师在创设教学情境时要关注化学的形成、发展和应用过程，要关注化学知识发展的背景、化学研究成果的应用等，引导学生全面了解化学在各个领域的伟大成就，真正做到从化学发展的角度研究化学知识，体现教育教学的价值导向，引导学生领悟实事求是的科学态度和质疑创新的科学精神，从而涵养自身的科学情怀，进而凸显"科学精神和社会责任感"的教育意义。

化学学科核心素养的培养蕴含学习方式和教学模式的变革，准确把握化学核心素养的内涵特性是化学核心素养培育落实到学科教学的前提和基础。核心素养的形成是一个长期的过程，从"知识为主"到"素养为主"，还需要通过真实问题情境的化学课堂教学的每一个环节的潜移默化来实现，这也对教师的教学设计能力提出了更高的要求。教师要不断学习，拥有明锐的视角和扎实的专业素养，走出化学教材，站在更高的水平审视情境中的素材，甄别素材的真伪和价值，科学合理地组织和设计教学内容。在教学过程中，围绕化学学科核心素养，创设恰当的学习情境，通过适当的学习活动以促进学习过程的发生，让化学核心素养在化学课堂"落地生根"。只有这样，化学课堂教学才有生命力，才能促进学生化学核心素养的发展。

第四章

基于核心素养的教学情境创设的基本策略

第一节 化学实验教学情境创设的基本策略

在新课程背景下，为培养学生的实验探究能力和化学学科思维能力，可创设实验教学情境来启迪学生主动思考、积极探索，最终完成新知的建构，同时提升化学问题的解决能力，通过对化学问题的解决过程，培养学生的思维能力，实现思维进阶。创设实验探究教学情境时，教师要根据学生的实验能力水平，依据教学目的确立和选择相应的实验教学情境，制定教学计划，进而引发学生的学习动机。创设的实验情境要具有探究性，要重视提升学生的思维参与程度，要激发学生动手完成化学实验的积极性和主动性。实验情境创设的基本模式为：结合实验教学要求和学生实际，将学习内容通过问题呈现出来→激发学生产生实验探究的欲望→设计并完成实验探究过程→总结交流实验结果→呼应情境中的问题。实验教学中创设情境的基本策略主要有如下几点。

一、用图片、视频等创设化学实验情境

对于类似一些"难以言传"的比较抽象的化学原理、原子结构等方面的教学重难点知识，可以通过创设一些恰当的模拟情境进行有效突破。由于化学实验室硬件条件的限制，并考虑到实验经费的不足和实验的时间、安全等因素，很多实验难以作为演示实验或学生实验走进课堂，这时可采取计算机模拟情境演示实验过程。在中学化学教学过程中这样的实验主要包括：

（1）操作技术要求高的实验。通过计算机将操作技术要求高的实验操作及注意事项加以分解并及时反馈，如酸雨形成过程的实验、利用不同形式的能量发电等。

（2）错误实验操作。模拟一些错误的实验操作，使学生亲身感受到错误操作的危险，从而避免错误操作的发生。例如气体制备过程中引起水的倒吸可能引起的后果、加热过程中液体的爆沸等。

（3）重要的化学史实验。化学史也是一部思维史，模拟化学史实验不仅能使学生了解化学的发展过程，还能让学生学会化学家的研究、分析、思维过程和思维方法，培养

学生的创造能力和严谨的科学态度。实践表明，恰当地运用多媒体能够收到事半功倍的教学效果。

需要注意的是，我们在实验教学情境的创设中不能走极端，在教学过程中完全使用多媒体替代实验开展教学，这种做法显然是不合适的。

二、用新闻、故事等创设化学实验教学情境

在新闻报道中经常会涉及有关化学实验知识的教学情境。如果我们能够及时抓住社会的热点新闻或者曾经发生过的事件，适时地引入课堂，创设实验教学情境，学生会对化学实验知识的认识更加深入，同时还能培养学生的化学实验思维意识，更好地促进学生学以致用。

例如，在学习必修第一册的"金属钠的性质"时，可以通过引用网络报道设计以下的教学情境：在广州市珠江河段曾经出现过惊险神秘的"水雷"，若干个装满金属钠的铁皮桶浮在水面上，据现场一位围观的群众讲，浮在水面上的铁皮桶内突然冒起一股白烟，从漂在水面上的一个铁桶内蹿出亮红色的火苗，紧接着一声巨响，蘑菇状的水柱冲天而起。"没想到水里的东西也能着火爆炸。"该围观群众惊讶地说。……当船员把盖子打开后，桶内马上冒起浓浓的白烟，而且一旦接触了桶内物质，双手立刻感到剧烈的疼痛，于是他们又将桶推到江里。一遇到水，这个桶就爆炸了……又找来一个较大的白色塑料桶，准备将打捞上来的铁桶放在里面，再用煤油浸泡（因为金属钠在煤油里是不会燃烧的）。然后设问：金属钠真的可以在水中燃烧爆炸吗？煤油可以保存金属钠吗？如何证实你的设想是否正确？引导学生设计实验完成对金属钠知识的建构。

上述化学实验教学情境不仅有利于学生顺利完成实验过程，获取金属钠的化学知识，实现化学知识的建构，还有利于学生化学实验安全意识的形成和化学学科价值的完善。

三、通过矛盾来创设化学实验教学情境

化学实验中各种生动鲜明的化学现象能激起学生强烈的兴趣和求知欲。其中一些与学生已有经验不相符合的实验现象更能激发学生的学习热情，从而引导学生深入思考现象产生的原因。这也符合建构主义学习心理的认知特征，即学生更容易将所获取的信息与自身的知识结构发生联系，进行改造和重组。

例如，在学习盐类的水解时，学生已有的经验是将镁条放在盐酸或稀硫酸溶液中会产生大量的气泡，但是当他们将镁条放入$AlCl_3$溶液中时，发现也会产生大量气泡，很多

学生猜想可能是$AlCl_3$溶液显酸性引起的，这又与他们过去所学的盐溶液呈中性相矛盾，教师再引导学生利用pH试纸检验溶液的酸碱性，学生发现$AlCl_3$溶液呈酸性，进一步验证了学生自己的想法。在这个过程中，学生所获取的信息与已有的认知经验发生冲突，激发了学生继续探索的积极性。教师再进一步提出为什么$AlCl_3$溶液呈酸性，盐溶液的酸碱性具有什么样的规律等问题，驱使学生进一步主动学习。

四、结合生活实际来创设化学实验教学情境

化学在衣、食、住、行等领域中发挥着重要的作用，化学知识的应用在生活中无处不在。所以结合生活实际来创设化学实验教学情境能让学生感受到化学知识的社会价值与应用价值，能提高学生应用化学实验学习化学的积极性，强化化学实验在化学中的重要地位，提高学生应用化学知识解决实际问题的能力。教师应从中挖掘素材，与社会热点新闻结合，创设学生感兴趣的化学实验问题情境。

例如，在学习氯气的性质时，教师可以先介绍某化工厂发生氯气泄漏爆炸，造成多人伤亡，展示其中一些图片，引起学生共鸣。然后提出这样一个问题，如果我们遇到这样的情况，应该如何减少氯气造成的危害呢？要想解决这个问题，就需要了解氯气的颜色、密度、溶解性等物理性质，同时还需要学习氯气与水以及与碱的反应等化学性质。学生在学习化学知识的同时能培养正确面对化学物质造成的灾难、科学解决物质造成的灾难的能力和科学意识，感受到化学物质对人类社会发展所起到的作用，进而感受到化学知识的魅力和价值。

实验探究教学情境创设要体现出化学实验的重要性。在教学过程中，教师结合教学要求创设问题情境，激发学生对问题进行猜想假设，亲自通过实验探索知识，在此过程中，学生要探索研究对象的未知性，对于探究的过程和结果，则主要靠学生的原有知识、技能与想象能力，去探索、去发现，这对发展学生化学学科核心素养是大有帮助的。

第二节 元素化合物教学情境创设的基本策略

由于元素化合物知识点繁多、记忆量大，具有易学、好记、易忘的特点，在元素化合物教学中创设真实的教学情境，能够激发学生求知的欲望，激发学生产生具有思考价值的问题，驱动学生思维不断活化和深化，进而积极参与知识探究、知识形成、知识结构化的学习过程，为学生提供更多的"发现化学问题和解决化学问题"的机会，实现元素化合物知识的结构化，从而克服元素化合物学习"易学、好记、易忘"这一难点。建构主义理论认为，学习是在一定的情境中进行的，并且具有可接受性和发展性，所以创设元素化合物的教学情境也应当从学生熟悉的生活经验和知识基础出发，充分挖掘各种情境资源，强化元素化合物在真实情境中的迁移应用，将教学情境与化学问题融合，注重情境、活动、问题的关联性，通过真实情境中问题的解决过程才能不断激发学生学习元素化合物的兴趣，在兴趣的驱动下才能产生理性的思考，进而丰富学生的认知思路，拓展认知方式，完善认知方向，进而发展学生的高阶思维能力。元素化合物教学设计中创设教学情境的基本思路和模式为：挖掘元素化合物与生产生活的联系以及在科学研究和化学知识发展史中的作用之间的关联点，创设符合教学目标和学生思维发展水平的教学情境→结合教学情境设置能够激发学生产生探究欲望的化学问题→通过化学实验、化学理论或资料素材探索化学问题→完成对化学问题的探究过程（证据推理过程）→对探索得出的结论进行整合（形成认知模型）→得出探究结论→实现元素化合物知识的结构化（认知思维的结构化）→解决情境产生的化学问题→应用结构化的知识和认知思维解决生产生活中的新问题（实现知识的深度理解以及认知思维的拓展）→形成解决实际问题的能力。元素化合物教学中创设情境的基本策略主要有如下几个。

一、要关注元素化合物与生活经验的联系

新教材注重借助实际情境呈现"常见元素化合物及其应用"。在创设教学情境时，教师要充分利用"化学源于生活、服务于生活"的特点，引导学生关注生活，在自然界

和生产生活的大背景中进行"常见元素化合物及其应用"的学习，通过学习身边的有用的化学，让学生在掌握化学知识的同时，提升对化学知识的应用能力，进而感受到化学知识的价值和作用。

例如，在学习"钠的化合物的性质"时，通过创设生活化的教学情境，引导学生从碳酸钠与碳酸氢钠在生活中的应用（做面条与蒸馒头为何要加碳酸氢钠或碳酸钠），激发学生通过真实的问题产生疑惑，进而通过化学实验过程（证据推理）探索碳酸钠与碳酸氢钠的性质，同时掌握做面条与蒸馒头过程中碳酸钠与碳酸氢钠的性质差异，进而形成探索元素化合物性质的思维模式（形成认知模型），这样学生不仅掌握了化学知识的实质和规律，同时将求知的视角延伸到了课外的生产生活中，体会到了化学知识的应用价值和社会价值，取得了很好的教学效果。

二、要关注元素化合物与化学实验的联系

新教材强调要引导学生在学习过程中构建"常见元素化合物及其应用"的知识结构。化学实验是促进学生完成学习活动过程、理解化学本质的重要手段和方法，也是新课程倡导的学习方法，教师要利用实验手段，引导学生通过实验设疑、在实验中质疑、在实验中思考、在实验中发现，让学生在生成化学问题的同时，掌握实验探究的方法，发展科学探究的能力，体验实验探究的魅力和价值。

例如，在学习"次氯酸的性质"时，可以结合次氯酸的化学名称设计用石蕊试液探索次氯酸的酸性，在实验过程中对出现的意外实验现象（石蕊先变红后褪色）进行质疑，然后进一步地进行实验探索，完成对次氯酸强氧化性（漂白性）以及不稳定性（见光分解）的知识建构过程。在这个学习活动过程中，学生经历了发现、质疑、再思考和再发现的过程，这对发展学生的高阶思维是非常有帮助的。

三、要关注元素化合物与化学理论的联系

新教材注重应用化学概念统摄"常见元素化合物及其应用"。各类物质的通性和物质的氧化还原性是"常见元素化合物及其应用"的两个核心理论，是新教材必修阶段运用化学理论指导学习的两条重要线索。教师在教学过程中创设教学情境时要关注元素化合物与化学理论的关系，及时引导学生运用理论分析，演绎得出常见元素化合物的性质，让学生在形成化学知识的同时，关注知识的本质和内在联系，领悟理论对实践的指导作用。

例如，在学习"钠的性质"时，要通过物质类别和价态，从物质组成和氧化还原反

应的视角预测钠与水反应可能的生成物，然后通过实验情境完成对预测结论的验证，进而强化学生从物质类别和价态的视角分析物质性质的能力，感悟元素化合物知识的内在联系，避免形成靠记忆学习元素化合物知识的误区。

四、要关注元素化合物与学科观念的联系

新一轮课程改革强调要注重学生的化学学科观念的构建，而"常见元素化合物及其应用"是学生面对的最直接、最客观的化学物质，也是学生形成化学学科观念的重要载体。化学物质在人类社会发展过程中具有举足轻重的作用，如物质的变化过程的现象和本质就是帮助学生形成宏观与微观、物质守恒等观念的重要途径，对物质性质对人类的帮助和危害的认识过程就是帮助学生形成相对与绝对、辩证统一观念的重要途径。我们在"元素化合物"教学情境的创设过程中要善于挖掘和把握蕴含在情境中的化学观念，要及时将其教育价值渗透在教学活动过程中。

例如，在"硫酸"教学过程中，通过创设硫酸工业制法的化学史教学情境，引导学生体会硫酸在人类社会发展中的重要作用，科学家为了探索硫酸工业制法付出了艰辛的努力。硫酸工业制法中对产品纯度的探索、对减少环境危害的探索、对新型高效催化剂的探索等一系列科研成果的取得，实现了硫酸在染料、化纤、有机合成及石油、化工等工业生产中的广泛应用，进而对人类发展产生了重大的影响。这些具体而直观的知识不仅让学生全面认识了硫酸的性质和用途，而且有助于发展学生化学学科观念，提升学生的科学精神与社会责任素养水平。

第三节　基本概念和基本理论教学情境创设的基本策略

基本概念和基本理论是将化学现象、化学事实经过比较、综合、分析、归纳、类比等方法抽象出来的理性知识，它是已经剥离了现象的一种更高级的思维形态，因此基本概念和基本理论的学习是学好化学的关键，能为知识的获取增加认知思路和分析途径，为提升学生化学学科关键能力打下坚实的基础。一方面，由于物质结构基础与化学反应规律具有抽象性、逻辑性和概括性的特点，学生不易直接感知，容易使学生的认识停留在低级的感性阶段；另一方面，教师在教学中对基本概念和基本理论的教学不注重联系实际创设情境，导致部分学生学习比较被动，缺少自主学习、合作学习的乐趣，思维层次低，学习过程缺乏兴趣，难以生动、活泼、主动地学习，基于此，创设物质结构基础与化学反应规律教学情境的基本策略主要有如下几个方面。

一、创设化学史教学情境

教学情境要把握素材的科学性和价值取向，通过化学发展史，让学生认识到化学基本概念和基本理论的历史背景、发展过程和来龙去脉，可以增进学生对化学概念和理论的理解与感悟。化学史既是化学发展演变的历史，也是化学科学思想的演变和再现，有助于培养学生的化学学科思维方法和价值观念。运用化学家的故事、生平、逸事等，可以激发学生的学习兴趣，提高教学效果。化学家坚持实践、百折不挠的科学精神和勇于探索、大胆创新的科学态度，还可以培养学生的科学精神与社会责任。

例如，在学习元素周期律时，创设元素周期律发展史教学情境：从18世纪中叶到19世纪中叶的100年间，随着科学技术的发展，新的元素不断地被发现，以有关元素分类的假设——三素组、八音律、门氏周期表的相关内容来激发学生产生思考：科学家在研究过程中不是一帆风顺的，也走过弯路，进而减轻学生对概念和理论的陌生感和畏惧感。

这样学生不仅能够了解到元素周期律诞生、发展较完整的过程，更好地理解和把握元素周期律的实质，而且可以体会到前人在科学方法、创新意识方面的努力，进而激发自己的学习兴趣与动力。

二、创设实验教学情境

通过实验过程，让学生在真实发生的化学变化过程中运用化学学科思维进行思考和学习，学生通过比较、综合、分析、归纳、类比等方法，感受化学概念和化学基本理论的形成过程，不仅能培养他们的科学思想和思维方法，还能发展他们的高阶思维能力，这对培养学生的化学学科核心素养有很大的帮助作用。

例如，在对氧化还原反应进行教学时，如何让学生真正理解其电子转移的实质，一直是教学中的难点。在深入研究新教材的基础上，为了解决"通过实验来证明电子转移"的问题，我们创设了Zn-Cu原电池的实验教学情境，电流表指针的偏转表明了电子转移的结果——电流的产生，再配上精心选取的FLASH动画演示，避免了直白说教式的教学方式，让学生思维过程不仅真实发生，而且还从浅表性的思维转变为深度思维，由表演性思维转变为思辨思维，学生思维方式的变化必然导致学习方式的变化，这有利于学生宏观辨识与微观探析、证据推理与模型认证素养水平的完善与发展。

三、创设生产生活教学情境

化学概念和理论是将化学现象、化学事实经过比较、综合、分析、归纳、类比等方法抽象出来的理性知识，它是已经剥离了现象的一种更高级的思维形态，所以抽象性是化学概念和理论的基本特征。化学教学中，教师通过创设生产生活教学情境，让学生通过生产生活中熟悉的化学现象来认识和感悟化学概念和化学理论，让学生感受到概念与理论是实用的，有利于学生认识到科技的应用问题、科技发展动向问题和科技的社会伦理问题都与化学概念和化学理论有关系，进而就会激发出强烈的求知欲望，在化学学习中表现出前所未有的自觉性和主动性。

例如，学生在学习电解质概念时，往往由于把握不准概念中"能产生可自由移动离子的化合物"这一本质特征，容易受到"导电""熔融""水溶液"等非本质特征的干扰，为了解决这一难点，我们可以通过创设生活中的问题情境：给电器设备通电时，湿手容易发生触电事故，这是为什么？进而引导学生思考，然后通过实验探究的方式引导学生建立电解质的概念。创设生活化的问题情境可以让学生有更多自主面对和解决真实而熟悉的化学问题的机会，培养他们的探究精神和创新意识。

由于物质结构基础与化学反应规律是抽象出来的理性知识，具有高度的概括性，需要高阶思维来理解和应用，所以在创设教学情境时除了要把握概念内容的本质特征，还要深入了解学生的心理状况、智力水平、思维特征，要预计学生在学习过程中可能遇到的障碍和问题，预先设计有效对策，才能使创设的教学情境从学生实际出发，有的放矢，从而提高化学教学的质量，所以教师在创设教学情境时应当注意有效教学策略的选择和应用。

第四节　有机化学教学创设情境的基本策略

有机化学作为高中阶段化学课程的内容之一，对发展学生的化学学科核心素养起着举足轻重的作用。面对新时代发展学生的化学学科核心素养的形势和要求，如何创设有价值的教学情境，使学生通过有机化学的学习促进各方面的发展？在有机化学课堂教学中创设适当的教学情境，可激发学生学习有机化学的兴趣，对全面提升教学质量和学生素质也是相当有效的。创设有机化学教学情境的基本策略主要有如下几点。

一、创设生活化的教学情境

有机化合物与生活联系十分密切，所以选取化学情境素材应与生活相关，不仅能让学生体会到生活与化学的关系，还可以让学生利用所掌握的生活知识来学习有机化合物的知识，所以生活化的教学情境要与学生的生活经验密切相关，不能虚构、想当然地创设教学情境。

例如，在"分子的结构与物质的性质"教学中创设生活化的情境。先展示生活中常用的加热食品的微波炉图片，再通过资料卡片介绍微波炉加热饭菜的原理：微波作用于食物时，使被加热食物中的水等极性分子以非常高的频率摆动，水分子间相互摩擦和碰撞从而产生摩擦热，进而引出本节课要讨论的问题——水分子为什么是极性分子？接着通过对不同类型分子中共价键的极性以及分子的空间构型的分析，探索分子极性的判断方法，构建判断分子极性的思维模型，即"若多原子分子中键的极性的向量和等于零，则为非极性分子；若多原子分子中键的极性的向量和不等于零，则为极性分子"，最后再分析微波炉加热食品过程中还有哪些成分可以"产生热量"，不仅能够强化对分子极性的判断方法的理解和应用，而且所得的结论能够与教学情境相呼应，这样更能体现出化学的价值和作用。

二、创设化学史教学情境

化学史是化学科学形成、产生和发展的历史。在追溯知识的来龙去脉和知识的演变中，充满了化学家科学的思维方法、严谨的治学态度和忘我的求知精神，以及化学科学的魅力。每一种方法和技术的产生无不是一部生动的化学史。在课堂教学中，教师通过讲解、播放或演示的方式再现相关化学史，创设化学家对相关化学知识的发现情境，可以激发学生对有机化合物的兴趣。

例如，在苯的教学中创设苯分子发展史的教学情境。19世纪初，法拉第在研究煤的干馏产物时发现了苯，凯库勒通过梦的启示揭示苯的结构为凯库勒式；随着科技手段的不断更新，通过研究苯的键长、键角的数据证明了苯环结构的特殊性；最后再用现代科技手段，如苯分子的扫描图、软件制作的模型，进一步引导学生认识苯的结构及性质。通过化学史教学情境，引导学生通过跟随化学科学发展的"苯的探究之旅"，使学生身临其境，跟随化学家的步伐一起研究苯的性质。学生不仅经历了知识的学习过程，同时经历了一种未知物的探究过程，充分培养了学生的科学探究能力。

三、创设结构模型教学情境

有机化合物的性质由其结构决定，所以掌握有机化合物的结构是学生深刻理解其性质的关键。教学实践中我们发现，学生学习有机化学时只是机械记忆有机物化学反应，不能体会有机物官能团与其性质间的关联，究其原因还是在于未能正确构建官能团特征反应的认知模型，所以教学过程中创设有机物分子的结构模型教学情境，不仅能很好地帮助学生通过直观的手段掌握有机物结构，将抽象的机理具体化、更直观，更易于学生接受，也能增强课堂教学的趣味性，并激发学生的学习热情。有机物分子的结构模型包括实物模型、分子结构扫描图、软件制作的动画模型、符号模型和思维模型等，实物模型是将抽象事物具体化的工具，符号模型是连接宏观现象和微观本质的桥梁，思维模型则是对原型认识由感性上升至理性的必经思维过程。

例如，在"乙烯的结构"教学片段中创设分子模型教学情境。利用球棍模型搭建乙烯的分子构型，将微观分子结构宏观化，同时模拟乙烯与溴水的加成反应过程，将微观反应过程显性化，又将拼搭过程转化为符号模型，即化学反应方程式表征了反应过程，建构加成反应思维认知模型；针对学生认知能力的差异，选择性借助球棍模型，运用加成反应思维认知模型符号表征乙烯与其他物质的反应；最后又用球棍模型模拟乙烯自身的加聚反应，深度理解加成反应规律。在有机化学的学习过程中，这种由实物模型→符号模型→动画模型→思维模型螺旋式递进的认知方式有助于学生有效关联有机物官能团与其性质，而且应用动画能够激发学生的学习兴趣，使学生始终处于思维集中活跃的状态，从微观结构本质认识有机物的结构特点，理解有机物的化学性质，建立结构决定性质的学科观念，发展模型认知的核心素养。

四、创设化学实验教学情境

化学实验是学生获取化学知识、提升化学关键能力的重要途径。学生自己完成实验探究过程，利用所得的实验现象来推断实验的猜想是否正确，了解探究未知事物的方法，有助于培养学生的探究意识，进而能很好地训练学生的观察能力、逻辑思维能力和实验能力，培养学生以实验事实为依据、严谨求实、敢于创新的科学精神。所以教师可以创设合理的体验式实验教学情境，通过一系列的学习活动促进学习的发生，在互动以及尝试解决问题的过程中发展学生的核心素养。

例如，在"乙烯化学性质"教学过程中创设化学实验教学情境。通过对键能数据的分析为乙烯特征反应的断键位置提供了理论依据，通过乙烯使酸性高锰酸钾溶液和溴水褪色的实验及进一步产物检验的探究实验为乙烯特征反应的断键位置和方式提供事实依据。在体验科学发现过程的学习活动中，运用科学思维发现问题→提出假设→实验探究→证据推理→进一步实验探究→证据推理→得出结论，层层深入问题本质，不断修正、完善、提升学生的原有认知。学生在情境产生的问题中不断思考与质疑，不断完善自己的知识体系与结构，有助于实现知识的深度构建，发展学生的高阶思维，这样才能发展学生的化学学科核心素养。

第五节　高考化学专题复习创设情境的基本策略

　　化学高考备考复习过程中教学情境的创设依然具有十分重要的作用。在教学实践中我们发现，由于化学学科知识点多、时间紧张，所以化学高考备考复习中教师往往都是通过归纳、概括的手段来罗列知识点，这种复习方式只是对旧知识简单的回顾，只能让学生感觉单调枯燥、身心疲惫，学生在思维上只是在重复旧知，温故有余、知新不足，复习效果自然不佳。高考化学复习的最终目的是帮助学生回顾与梳理知识，使知识条理化、系统化，进而提高学生分析问题、解决实际问题的能力。在复习时，我们应力求从新的视角、用新的设问来复习和应用旧知识，即把高考的复习内容融合在真实的问题情境中，通过问题的解决达到提高学生分析问题、解决实际问题的能力的复习要求。这是因为学生学习的愿望总是在一定的情境中发生的，所以创设教学情境不但能够激发学生对高中化学学习的兴趣，还能够活跃化学复习课的课堂教学氛围，提高化学高考备考复习课堂教学的效率，所以新高考强调"无情境不练习"，凸显了高考复习过程中教学情境的重要作用。在高考复习过程中，教师要充分挖掘真实的情境素材和化学问题的"对接点"，创设具有高考试题"特质"的教学情境。高考复习创设教学情境的基本策略主要有如下几点。

一、创设生产生活化教学情境

　　化学离不开生活，生活中处处有化学。联系社会生活实际是学习化学的一种重要方法，也是学生将所学知识加以实际应用的一个重要途径，所以高考试题中处处显示出化学与生产生活的密切关系。我们在高考复习过程中要善于挖掘生产生活中的情境素材，注重开发和利用学生生活经验及学习经验中的教学资源，这样不仅能使高考复习充满趣味和活力，更能让学生品味到化学的价值和作用。

　　例如，在复习"离子反应"时，我们可以利用西北地区随处可见的墙体上的"白毛"完成对离子知识和认知思路的建构。首先通过提供文献素材，给学生展示"白毛"

形成的原因以及白毛可能的离子成分，然后提出问题：如何确定在野外采集的"白毛"究竟含有哪些离子？进而引导学生设计实验方案、通过实验过程对所采集的"白毛"的离子成分进行探究，最后再通过对"如何从离子反应的视角预防和消除墙体上白毛对建筑物的危害"的探索。将学生对知识的掌握延伸到对生活中实际问题的解决，这样不仅引导学生完成了对离子性质和离子检验这一核心知识的建构，还避免了"枯燥乏味"的从知识到习题的重复过程，从根本上杜绝了通过题海战术完成高考复习的无效复习，这对提升学生从化学的视角分析和解决生产生活中实际问题的能力非常有帮助。

二、创设化学实验教学情境

高三学生具备完整的中学知识，有更强的分析问题及探究问题的能力，所以我们在高考复习过程中可以通过设计化学实验情境，让学生在化学实验过程中完成对问题本质的思考和探索，提高学生的动手能力及应用实验方法来探究问题及分析问题的能力，进而实现学生对核心知识、关键能力和学科观念的结构化处理。

例如，在复习"盐类的水解"时，可以设置如下情境：①特大洪涝灾害后，救灾人员往往在第一时间调用漂白粉、漂白精等消毒剂和明矾或其他化学净水剂对居民用水进行消毒和净化；②日常生活中用纯碱洗涤油污；③火灾现场，消防人员用泡沫灭火器灭火。接着设问：明矾为什么能净水？纯碱为什么能去污？泡沫灭火器的工作原理是怎样的？如何证实你的分析的正确性？学生先结合已有的盐类水解知识对上述问题进行分析，然后再根据老师准备好的实验仪器和药品，通过设计实验、动手完成实验过程对自己的分析结论进行验证，并用化学语言对反应实质进行表述，最后再对盐类水解的物质按照类别进行归类整理，这样通过直观的实验现象，强化了学生对盐类水解本质的理解，不仅完成了对盐类水解这一核心知识的结构化处理，而且提升了学生分析和解决实际问题的能力，最终实现了学生化学观念的完善。

三、创设化学发展史教学情境

科学史真实、动态地记载了知识的尝试与修正的过程，符合当代知识观对于知识生成过程的解读，更符合高考考查考生"解决实际问题"的考查要求。所以在高考复习过程中以真实的化学史情境为课堂复习主线，将要复习的知识内容融合在真实的化学史情境中，通过精心设计问题链引发学生的学习活动和思维活动，通过学生不断思考和探索，以问题的解决为手段，以思维能力的提升为目的，不仅有助于加深学生对知识本质的理解，还有助于促进学生化学学科核心素养的形成和发展。

例如，在复习"有机合成路线的设计"时，可以创设以下情境：古老的印第安人在治疗头痛时，通常把柳树皮捣烂了敷在额头上，这说明古老的埃及人在很早以前就知道了柳树叶子的止痛功效；中国《神农本草经》记载，柳树的根、皮、枝、叶均可入药，有清热解毒、防风利尿的功效。柳树这些医用功效值得我们思考：柳树中是什么成分在发挥着这些疗效呢？研究发现其有效成分是水杨酸，即水杨酸是消炎止痛的有效成分。我们要获得大量的水杨酸，是否可以通过砍伐大量的柳树然后从中提取呢？这显然是以破坏自然为代价的，是不可行的。科学家已经通过甲苯和苯酚合成制备水杨酸，请同学们以甲苯和苯酚为原料，结合已有的有机化学知识设计合成路线，重温科学家的思维过程。上述水杨酸发展史情境不仅使学生知道人类很早就为战胜疾病进行了大量的探索过程，而且使学生认识到人类社会的发展不能以牺牲自然环境为代价，可以通过科学的方法实现人类生存的需要和与自然环境的和谐发展，而这个科学的方法中就体现出了化学学科的价值与魅力，这样更能激发学生学习化学的兴趣，对完成水杨酸的合成制备过程充满期待，同时通过水杨酸的合成制备过程的设计，再现科研工作者的研究历程，既有利于提升学生解决实际问题的能力，又符合高考考查学生接受、吸收、整合化学信息的能力及分析和解决化学问题能力的测试要求。

四、创设最新科技成果教学情境

化学的发展拥有漫长的历史，如从炼丹术到燃素说，从定性到定量再到量子化学，每一步的发展都展示着化学的进步，每一个新的化学成果都对人类社会发展起到了不可估量的作用，化学最新科技成果代表了化学学科的前沿水平和未来发展趋势，如新材料、新药物、新能源等领域的发展都依赖于化学前沿知识的研究成果。高考复习过程中创设基于最新科技成果的教学情境，将最新的研究热点和研究成果融于学生的课堂学习活动，能加深化学与科学研究之间的联系，让学生融入科学研究的情境之中，引发学生在学习活动中的积极思考，体会科学研究的精神，提高学生分析问题、解决问题的能力，这对发展学生学科素养具有不可替代的作用。

例如，在复习"原电池"时，可以展示如下科技成果：科学家为了实现碳中和的目标和提高原电池的工作效率，研制出了以二氧化碳为动力源的水基锂-二氧化碳电池（LCOB），该电池的放电产物为甲酸（HCOOH），该电池中具有较高电化学比表面积的纳米孔钯膜对CO_2还原和甲酸氧化都表现出很高的双功能性能，所以溶解在电解质中的放电产物甲酸可以直接用于充电过程，不需要进一步地提纯或压缩，实现了非常简单的电化学循环，然后引导学生通过分析该电池的电极反应原理，对电池放电和充电时的放电物质以及电极反应式的书写、电极反应的本质、离子与电子电流的移动方向、放电过程中离子浓度的变化（酸碱性或pH的变化）以及电子与离子变化的定量关系等电化学知识进行系统梳理，不仅能够完善学生原电池的知识结构和认知模型，同时引导学生体会到原电池的发展以高效、多功能、简洁、实用为科学探索的趋势，感受原电池科学研究的价值，认识到科学技术的发展与人类社会和谐发展的关系。这样以最新科技成果创设教学情境，引导学生对教学情境中蕴含的化学知识和化学问题进行系统梳理，并从中学会如何筛选信息、应用信息、处理信息，灵活地解决化学问题，提高知识的迁移能力和应用能力，以及运用科学方法解决问题的能力。

五、创设结构化问题教学情境

新高考重视对学生认知结构化水平的考查，所以在高考复习过程中要重视通过结构化问题教学情境，不断提升学生认知的结构化水平，引导学生形成清晰的化学知识结构，进而将知识从零散的、碎片化的状态网络化、结构化，这样的知识才具有延展性，学生才能准确地理解和掌握化学知识及其相互关联，进而随着知识的扩展深化做出正确的判断、合理的推理，学生才能在现实生活中具有分析和解决复杂现实问题的能力。因此，复习课的首要任务就是让学生完善化学知识结构，真正掌握各知识内容间的内在联系和规律。

例如，在复习"钠及其化合物"时先设置如下问题：钠及其化合物，包括钠单质、钠的氧化物、氢氧化物、碳酸盐等，这些物质的性质之间有哪些内在的联系？如何理解这些联系？然后展示钠元素的价–类二维图，再引导学生从单质角度分析钠单质与化合物之间的转化关系，进而分别整理出钠与氧气（在不同条件下）、水的反应现象、生成物，然后从化合物的角度对过氧化钠分别和水、二氧化碳的反应现象、产物以及设计实验验证等进行系统的梳理与回顾，最后对碳酸钠与碳酸氢钠性质的差异性、相互转化及实验等方面从物质类别的视角进行梳理与整合。这样的学习活动可以引导学生对钠及其化合物的性质及其转化从物质性质、反应原理、定量实验的角度进行系统的整合，有助于学生形成基于从价态、类别视角分析元素化合物性质和之间转化关系的认知思路，即遇到未知化合物，可以通过所含元素的化合价角度预测物质是否具有氧化性或还原性，然后再选择合适的氧化剂或还原剂，设计实验验证预测，通过实验现象分析是否发生了氧化还原反应，从而验证假设是否正确，进而得出物质是否具有氧化性的结论，这样就可以形成结构化的分析问题和解决问题的认知观念，这对提升学生在复杂的社会环境中解决实际问题的能力具有极大的帮助作用。

第五章

高中化学必修课程的
情境素材归纳分析

第一节　化学科学与实验探究

一、有关化学发现史的故事

（一）电离理论的建立

1882年秋，瑞典化学家斯万特·奥古斯特·阿累尼乌斯开始研究溶液的导电性，他对溶液的导电性进行了一系列的测量，测量过程中最使他惊奇的是氨的性质，这种物质在气体状态时是不导电的，而它的水溶液却能导体，并且溶液越稀，导电性越好。阿累尼乌斯查明卤酸也都有类似的性质。经过一系列实验他得出结论：溶液稀释时，导电性增加的原因是水。

阿累尼乌斯把他的新理论向化学家克利夫进行了介绍：要解释电解质水溶液在稀释时导电性的增加，必须假定电解质在溶液中具有两种不同的形态，即分子形态和离子形态，稀释时电解质的部分分子分解为离子，而另一部分则不变。因为当时化学家一般都认为溶液中的离子是通入电流后产生的，所以当时克利夫对阿累尼乌斯的论点并不认可和支持。阿累尼乌斯认为通电流后电解质才离解的看法是错误的，深信自己的解释是正确的，因而克利夫的不认可没有使阿累尼乌斯丧失信心。他又找到研究化学的生理学教授汉马尔斯腾。汉马尔斯腾怀着极大的兴趣听了阿累尼乌斯的介绍，他发现这种见解非常独特，而且是对现象的合理解释，建议他继续研究。

阿累尼乌斯将他的研究进行了理论上的概括，写成《电解质的导电率研究》和《电解质的化学理论》两篇论文，对于这两篇论文的观点，克利夫教授仍然不同意，当时大家都不认为在分子、原子和离子之间存在着本质的差别。阿累尼乌斯竭力证明，在溶液中，特别是在氯化钾溶液中，存在的不是钾原子和氯分子，而是两种元素的离子：钾离子不同于中性的钾原子，它带阳电荷，因此性质上与中性原子不同；氯离子带阴电荷，不同于中性的双原子的氯分子，而完全具有另一种性质。虽然溶液中离子的形成不决定于电流的想法，威廉逊、克劳胥斯等化学家早已提出过，但仅仅是一种没有验证的假设。阿累尼乌斯不但论述得很明确而且通过实验证明了这个假设的正确性。他甚至还计算出在氯化氢的溶液中有92％的溶质处于活性形态，也就是说大部分溶质分解为离子。后来这些结果也为其他科学家所证实，如德国化学家奥斯特瓦尔德虽不是研究电离过程的，但他在研究盐酸的催化作用时却查明，它的总量中只有98％对过程起加速作用，这一数值与阿累尼乌斯计算出来的数值是接近的。

阿累尼乌斯进一步研究认为，在电解中两极间的电位差只起指导离子运动方向的作用，并没有分解分子；相同当量的离子，不管溶质是什么，都带有同量的电荷，因而在两极沉淀物的当量是相同的，这与法拉第的认识是一致的。这个理论还解释了各种溶液中的反应热。例如稀释的强酸和强碱的中和热，不管它们是什么，都是相同的。这是因为在强酸和强碱之间的反应都是氢离子和氢氧根离子结合成水分子的反应，中和热都相同。其他溶液中的反应热都可以由电离理论得到解释。分析化学反应中的许多现象，如沉淀、水解、缓冲作用、酸和碱的强度以及指示剂的变色等也都可以由电离理论得到合理的解释。

阿累尼乌斯由于提出了电离学说，于1903年获得了诺贝尔化学奖。阿累尼乌斯的电离理论为物理化学的发展开创了新阶段，同时促进了整个化学的进步。甚至当初反对过电离理论的克利夫也在阿累尼乌斯获得诺贝尔奖后认为："这一新的理论是在困难中成长起来的。那时化学家不认为它是一种化学理论，物理学家也不认为它是一种物理学理论。但是，这种理论却在化学与物理学之间架起了一座桥梁。"克利夫还认为阿累尼乌斯与贝采里乌斯是瑞典的骄傲。

【教学建议】通过电离理论的发展过程我们可以看到人们对酸碱的认识经历了一个由浅入深、由低级到高级的认识过程。阿累尼乌斯坚信科学，不受传统观念的束缚，他通过打破学科的局限，从物理与化学的联系上去研究电解质溶液的导电性，因而能冲溃传统观念，独创电离学说，他的电离学说是人类对酸碱认识从现象到本质的一次飞跃，这种电离理论对化学科学的发展起到了积极作用。所以我们在教学中可以通过对电离学说发展过程的梳理，引导学生感受科学研究的艰辛，发展学生实事求是、不畏艰险的科学精神，让学生学会尊重事实、不迷信权威，勇于实践，进而达到培养学生的科学态度、科学素养的目的。

（二）元素周期表的发明与发展

1789年，安托万-洛朗·拉瓦锡出版的《化学大纲》中发表了人类历史上第一张《元素表》，在该表中，他将当时已知的23种元素分四类。1829年，德贝莱纳在对当时已知的54种元素进行系统的分析研究之后，提出元素的三元素组规则。他发现了几组元素，每组都有三个化学性质相似的成员。并且在每组中，居中的元素的原子量近似于两端元素原子量的平均值。

1850年，德国人培顿科弗宣布，性质相似的元素并不一定只有三个；性质相似的元素的原子量之差往往为8或8的倍数。

1862年，法国化学家尚古多创建了《螺旋图》，他创造性地将当时的62种元素以各元素原子量的大小为序，排列在绕着圆柱上升的螺旋线上。他意外地发现，化学性质相似的元素都出现在同一条母线上。

1863年，英国化学家欧德林发表了《原子量和元素符号表》，共列出49个元素，并留有9个空位。

上述各位科学家以及他们所做的研究在一定程度上只能说是一个前期的准备，但是这些准备工作是不可缺少的。而俄国化学家门捷列夫、德国化学家迈尔和英国化学家纽兰兹在元素周期律的发现过程中起了决定性的作用。

1865年，纽兰兹正在独立地进行化学元素的分类研究，在研究中他发现了一个很有趣的现象：当元素按原子量递增的顺序排列起来时，每隔8个元素，元素的物理性质和化学性质就会重复出现。由此他将各种元素按着原子量递增的顺序排列起来，形成了若干族系的周期。纽兰兹称这一规律为"八音律"。这一正确的规律的发现非但没有被当时的科学界接受，反而使它的发现者纽兰兹受尽了非难和侮辱。直到后来，当人们已信服了门氏元素周期之后才警醒了，英国皇家学会才就以往对纽兰兹不公正的态度进行了纠正。门捷列夫在元素周期的发现中可谓是中流砥柱，不可避免地，他在研究工作中亦受到了包括自己老师在内的各个方面的不理解和压力。

可见，任何科学真理的发现都不是一帆风顺的，都会受到阻力，有些阻力甚至是人为的。当年，纽兰兹的"八音律"在英国化学学会上受到了嘲弄，主持人以不无讥讽的口吻问道："你为什么不按元素的字母顺序排列？"

1850年，门捷列夫开始了他的大学生活，后来成了彼得堡大学的教授。幸运的是，门捷列夫生活在化学界探索元素规律的卓绝时期。当时，各国化学家都在探索已知的几十种元素的内在联系规律。门捷列夫以惊人的洞察力投入艰苦的探索。直到1869年，他将当时已知的63种元素的主要性质和原子量写在一张张小卡片上，进行反复排列比较，才最后发现了元素周期规律，并依此制定了元素周期表。

元素周期表的发现是近代化学史上的一个创举，对促进化学的发展起到了巨大的作用。看到这张表，人们便会想到它的最早发明者——门捷列夫。

【教学建议】通过元素周期表的建立过程，引导学生感受人类对自然界的认识是几代人或几百年、几千年人们劳动的积累，经过去粗取精，才达到比较正确的认识。教学中，教师要通过充分发掘更多元素周期表的发展史素材达到培养学生的科学态度、科学素养的目的。如在进行教学设计时可以充分搜集相关的化学史素材，并且以适当的形式展示给学生，可以按时间顺序讲述元素周期表的发现过程，这样更有利于增进学生对科学发现及其发展的理解，也更能使学生体会到化学的每一步前进都是许许多多化学家不断钻研探究出来的结果，从而培养学生勇于探索、不断进取的科学精神。另外，在引导学生探索化学家们如何想、怎么做、怎样说的过程中，学生也会学习到探索真理的思维和方法，对于学生形成正确的学习方法和思维也大有帮助。

（三）原电池的发现

1780年，意大利波罗那大学解剖学教授伽伐尼正在做青蛙腿肌肉运动的解剖学研究，他在实验中发现，在起电机放电的同时，如果用金属手术刀触动蛙腿神经，蛙腿肌肉立刻收缩，为了找出这一现象的原因，在进一步的实验中他意外地发现，若用两种金属分别接触蛙腿的筋腱和肌肉，当两种金属的另一端相碰时，蛙腿也会发生抽动。伽伐尼认为这是青蛙体内存在的一种"神经电流体"引起的，这种电流体可以使神经、肌肉活动，脑是分泌电流体的重要器官。

意大利的物理学家伏达在1792年对伽伐尼的发现作了研究，他发现电流的产生并不需要动物组织。1793年，他否认了动物电的存在，认为伽伐尼发现的电产生于两种不同金属的接触，他认为蛙腿的抽动是一种对电流的灵敏的反应，这个电流是由于两种金属插在了由肌肉提供的溶液中，并构成回路而产生的。1799年，伏达用铜片、浸盐水的纸片、锌片依次重叠起来，创制了最早的获得连续电流的伏达电堆。1800年，他公布了在1795—1796年发现的电池原理。

1836年，英国化学家丹聂尔制造出了第一块实用原电池。伏达电堆的一个缺点是，由于极化作用而使电流很快减小。丹聂尔发现的电池是用多细孔的陶罐（开始用动物膜）把浸入硫酸铜溶液中的电极铜棒和锌棒分开。它能比过去的电池提供更长时间的稳定电流，这种电池被用于早期铁路信号灯。

1839年，英国法官、科学家威廉·格罗夫发明了最早的"燃料电池"，反向利用电流能把水分解成氢和氧的电解反应，把氢和氧结合在一起，就能得到电流和水，只是效果并不理想，未能进行商业投产。

1859年，法国物理学家普朗特制造出了第一台可实用的铅酸蓄电池。它包括两块卷成螺旋形的铅皮，中间用橡皮隔开，浸没在10%的硫酸溶液中，然后送入电流，使其中一块铅皮镀上，另一块铅皮成为粗糙的多孔表面。这种电池比当时的任何电池都具有更高的电动势。但是由于加工成型过程复杂和冗长，很难批量生产，没有受到重视。

1865年，法国化学家勒克朗谢制造出第一块干电池。他采用导电的氯化铵溶液、锌和石墨作电极，并用二氧化锰作去极剂。这种电池由于使用氯化铵溶液带来很多不便。

1881年，法国化学家C. A. 福尔改革了普朗特的铅蓄电池，使制作成本大幅降低，铅蓄电池很快得到批量生产，在汽车、无线电设备、电化学实验过程中得到应用，成了通常使用的重要电源。

1888年，化学家卡斯尼尔改进了勒克朗谢的电池。他以潮湿的氯化铵代替其溶液，以锌皮兼代容器，这就是最早的锌锰"干电池"。由于"干电池"使用方便，其应用很快深入广大民众的生活之中。

1899年，瑞典学者沃尔德马·尤格尔对开口型镍镉电池经过几次重要改进，明显改善了电池的性能，特别是改进后的镍镉电池作为直流供电电池可以重复500次以上的充放电，不仅经济而且耐用。1947年，美国发明家纽曼发明了一种重复利用电池内部镍镉金属的制造工艺，使得同样的镍镉用量，电池的寿命能够增加很多，这才使镍镉电池走向市场。

1941年，法国的亨利·安德烈教授发明了第一个成功的锌氧化银电池系统。锌银电池是能量最高的一种水溶液电池，也是比特性和电压输出平稳最优良的电池体系。目前，锌银电池的研究方向是进一步改良锌银电池的比特性、双极性设计以及提高活性物质放电密度。

1952年，英国剑桥大学的培根研制出具有实用性的培根电池并获得专利。该电池采用双层孔径烧结镍电极，用KOH水溶液作电解质，纯氢和纯氧为燃料和氧化剂，副产物是纯水。后来，培根将燃料电池改进成阿波罗登月飞船电源。当时这是唯一能满足要求的电池，假如没有这种高性能电池，登月计划是难以实现的。因此培根电池是燃料电池由实验走向实用的里程碑性质的电池。

1954年，美国的贝尔实验室在用半导体做实验时发现在硅中掺入一定量的杂质后对光更加敏感这一现象后，第一个太阳能电池在贝尔实验室诞生，太阳电池技术的时代终于到来。当时硅制太阳能电池的转化效率提高到4%左右，次年达到11%。自1958年起，美国发射的人造卫星就已经利用太阳能电池作为能量的来源。

1970年，YaoNP等报道了一种高温锂硫二次电池，实现了硫和硫化锂之间的可逆转化。锂硫电池以硫为正极反应物质，以锂为负极。放电时，负极反应为锂失去电子变为锂离子，正极反应为硫与锂离子及电子反应生成硫化物，正极和负极反应的电势差即为锂硫电池所提供的放电电压。在外加电压作用下，锂硫电池的正极和负极反应逆向进行，即为充电过程。

1977年，美国的M.Klein和J.F.Stockel等研制出了镍氢电池，并于1977年首次用作美国海军技术卫星的储能电源。镍氢电池具有较高的比能量、寿命长、耐过充过放、反极以及可以通过氢压来指示电池荷电状态等优点。单体电池采用氢电极为负极，镍电极为正极，在氢电极和镍电极中间夹有一层吸饱KOH电解质溶液的石棉膜。氢电极是用活性炭混合PTFE的黏结式多孔气体扩散电极，它由含铂催化剂的催化层、拉伸镍网导电层、多孔聚四氟乙烯防水层组成。镍电极可以用压制的$Ni(OH)_2$电极，也可以用烧结的$Ni(OH)_2$电极。

【教学建议】原电池原理的发现是储能和供能技术的巨大进步，是化学对人类的一项重大贡献。原电池的发现和发展过程是人们对"意外"实验现象的探索、对实验本质的探寻过程。通过提炼电化学发展历程中与原电池组成和结构相关的重要事件和节点，设计实验感悟化学能转化为电能的真实性，通过引导学生再经历探索、探寻过程以及从问题的提出到研发过程中解决问题的思路，领略化学史发展道路上科学家们的独特视角和探索精神。然后再通过人们在建立负极材料消耗的定量模型的认知基础上对电池的不断完善和探索，发现并理解人类研制和开发化学电源过程中所走过的必由之路。

（四）氯气的发现

氯气是一种淡绿色的有毒气体，早在古代炼金术士们加热王水的时候，就已经被人们发现了，只是当时的人们并不知道那种刺激性很强的气体就是氯气。

直到1774年，瑞典化学家舍勒加热黑色的二氧化锰与盐酸的混合物时，发现了这种烟雾，并继续研究这种气体。舍勒制备了氯气以后，把它溶解在水中，发现这种水溶液对纸张、蔬菜和花具有永久性的漂白作用；他还发现氯气能与金属氧化物或金属化合物发生化学反应。

舍勒发现了氯气，但在燃素说的大环境下，舍勒认为这种气体是一种化合物，是由氧和另外一种未知的基所组成的，所以舍勒称它为"氧化盐酸"。但英国化学家戴维却持有不同的观点，他怀疑氧化盐酸中根本就没有氧存在。1810年，戴维以无可辩驳的事实证明了所谓的氧化盐酸不是一种化合物，而是一种化学元素的单质。他将这种元素命名为"Chlorine"，它的希腊文原意是"绿色"，中文译名为氯。

舍勒发现氯气的方法用到的盐酸在当时的条件下较难大量制得，他的方法只限于在实验室内使用。后来，法国化学家贝托雷把氯化钠、软锰矿和浓硫酸的混合物装入铅蒸馏器中，经过加热制得了氯气。

1836年，古萨格发明了一种焦化塔，用来吸收路布蓝法生产纯碱的过程中排出的氯化氢气体而得到盐酸，从此一直被用作废气的氯化氢才被用来生产盐酸，使盐酸成为一种比较便宜的酸，可以被广泛利用。

1868年，狄肯和洪特发明了用氯化铜作催化剂，在加热时用空气中的氧气来氧化氯化氢气体制取氯气的方法。以上这些方法都在生产氯气的历史上起过一定的作用，电解法制取氯气方法的出现，使得氯气的工业生产跨入了一个新纪元。电解制取氯气起初使用的电极为汞，致使电解得到的氯气、氢气中混有相当多的汞蒸气，后来又发明了"离子交换膜法"制取氯气，更环保、更节能，效率更高。

【教学建议】氯元素发展史上，面对大量的实验事实，舍勒忠实于燃素说，贝托雷坚持维护氧化学说，盖·吕萨克和泰纳笃信氧化学说，由于迷信科学权威，他们无法揭开氯元素的面纱。而戴维则总结前人的经验，以科学实验和严谨的分析为基础，以大量实验事实为依据，用批判的眼光进行探索，敢于向已有的理论挑战，勇于批判创新，获得最终的成功。所以教师可通过氯气的发现史使学生明白科学研究和探索必须有敏锐的观察力、勤于思考的习惯和对事物的好奇心。通过舍勒制备氯气的过程，让学生了解知识产生的曲折历程，将教材中单调无味的"静态知识"转化为充满趣味性的"动态知识"，如可以通过氯气的发现史创设问题情境引发学生思考，让学生带着问题探究，通过与科学家的对话过程去体验和感受知识的产生和发展过程，达到用学科知识、学科方法和科学精神"润物细无声"般育人的教学要求，同时引导学生体会戴维的批判性思维。批判性思维的养成非常有利于促进学生对知识的吸收和转化，有利于学生形成求真务实的学习态度，可使学生感受到化学学科的魅力和发展性，加深对科学本质的认识。

（五）人工合成尿素

从18世纪后期到19世纪初，化学界普遍流行一种观点，即有机物是有机体，主要是动植物通过特殊的生命力（又称"活力"）制造出来的，化学实验室能合成无机物，但只能将有机物转化为新的有机物，而不能用无机物制造出有机物。生命之所以有活力，原因在于生命中存在含有生命力的物质，化学家的责任就是要研究有机物质如何产生"生命力"，以及这种"生命力"是如何转化的。在那个年代里，无机物质被大量合成出来，但是有机物却只能从动植物中提取，原因就在于当时大家认为用无机物质合成有机物质是不可能的。

当时持有这种观点的代表人物就是瑞典大科学家贝采里乌斯，他被称为"有机化学之父"，他第一个提出了"有机化学"的说法，而且他还指出：有机物也遵守"定组成定律"。也就是说，有机物发生化学反应不会掉一个原子，也不会凭空多出来一个原子，符合物质不灭定律。

无意中打破这个界限的科学家就是德国科学家弗里德里希·维勒。有人发现可以从染料"普鲁士蓝"中提取出两种物质，其中一种物质是铁。1782年，瑞典科学家卡尔·舍勒分离并证明另一种物质为氢氰酸。

1820年，在马堡大学学医的维勒开始研究氰化物，并且发表了一篇小论文。之后，维勒一直在进行氰化物的研究。最早证明了氰酸就是氢、碳、氮、氧的化合物。紧接着，他又制取了氰酸钾（AgCNO）、氰酸银（AgCNO）这些氰酸盐。

1824年，维勒试图用最简便的方法制取氰酸铵。当氰酸和氨这两种无机物进行化合时，却合成出现了一种白色结晶物。这种白色结晶既不像氰酸铵，也不具有氰酸铵所具有的性质。当这种晶体用酸处理时，不会产生氢氰酸。它与碱作用时也未发现氨的痕迹。经过多次重复，结果都是如此。他还发现，用氯化铵溶液处理氰酸银并进行加热，也可以得到这种结晶。或用氨水处理氰酸铅，在分离掉氢氧化铅沉淀以后也能获得这种白色结晶，而且得到的产物更加纯净。用这三种方法得到的固体结晶相同。

这种白色结晶物质到底是什么呢？经过仔细的研究，维勒发现这种结晶具有有机化合物的性质。一开始他认为这是一种生物碱，但是这种物质又没有生物碱的典型反应，而是与普洛斯和普劳特所描述的尿素的性质一样。于是，维勒将自己合成的白色结晶物质与从尿中提炼出来的尿素相比较，结果发现它们是同种物质。经过了4年的仔细研究，维勒终于意识到原来他做了一个伟大的发明。因为他知道，尿素属于有机化合物，而他是用无机物——氰酸和氨制造尿素的。

1828年2月22日，维勒给他的老师——瑞典化学家贝采里乌斯写了一封信，信中汇报了他未依靠肾脏和任何动物人工合成了尿素。尿素的人工合成开始动摇生命力学说的基础，但是还有不少化学家提出，氰酸和氨本身虽然都是无机化合物，但是它们却都是用有机化合物合成或从有机化合物中提取出来的。因此，从这个意义上来说，尿素的人工合成仍然没有能够完全摆脱动植物有机体及生命力的范畴。

1845年，德国化学家柯尔伯利用木炭、硫黄、氯气和水为原料合成醋酸这个典型的有机物。紧接着，科学家又人工合成了酒石酸（葡萄里含有它）、柠檬酸（存在于柠檬汁与橘子汁里）、琥珀酸（存在于葡萄里）、苹果酸（许多未成熟的水果里含有它）……1854年，人们还用甘油和脂肪酸人工合成了油脂。人们终于意识到：有机物也是一种普通的物质，根本没有什么"生命力"在里面，"生命力学说"终于破产了。

【教学建议】人工合成尿素成为有机化学结构理论的实验证明，同时打破了有机物只能由有生命力的动植物合成的观点，证明了无机物和有机物之间没有不可逾越的鸿沟，它们之间是相互联系的，进一步为辩证唯物主义自然观、物质观的诞生提供了科学依据，同时开创了合成有机物的崭新篇章。现在科学家们已创造出数以千万计的碳氢化合物，有机合成化学工业的产品几乎影响到人类生活的每一个角落。在教学过程中，教师可以通过了解人工合成尿素的历史，引导学生认识客观世界之间的相互联系过程中的曲折历程，加深学生感知科学研究的艰辛、不迷信权威以及对知识完整性的不断追求的科学态度，学习科学家的研究方法和科学精神，调动学生学习化学的主动性，有利于发展学生的核心化学学科素养。

（六）工业合成氨

19世纪末20世纪初，人口的大量增加导致粮食缺乏，急需获得农作物生长所需要的大量氮肥，解决因有机肥的短缺而造成农作物产量偏低的问题，即解决粮食问题。而对空气中氮的固定是当时很多有见识的化学家思考的一个重大问题，但当时的人工固氮方法主要是电弧法合成一氧化氮，效率很低，不能产生较大的经济效益。后来，人们逐渐把目光向氨的合成聚焦。

工业合成氨的发明过程，包含着化学家伟大的创造性和光辉的科学思想，体现了当时科学家和企业家的远见和激情。英国物理学家克鲁克斯"先天下之忧而忧"，率先发出"向空气要氮肥"的号召。

法国化学家勒夏特列是合成氨的先驱。1901年，勒沙特列通过理论计算，认为N_2和H_2在高压条件下可以直接化合生成氨。他在用实验来验证的过程中发生了爆炸，钢制釜体的碎片穿透了地板和天花板。他没有调查事故发生的原因，就放弃了该实验。后来查明所用混合气体中含有O_2，H_2和O_2发生了爆炸反应。

德国物理化学专家能斯特根据勒夏特列原理分析合成氨反应平衡正向移动的条件，他通过理论计算后，竟然认为合成氨是不能进行的。由于能斯特在物理化学领域的权威性，人工合成氨的研究陷入了低潮。

哈伯不迷信权威，没有盲从权威，而是知难而进，勇于追求与探索。哈伯首先进行一系列实验，探索合成氨的最佳物理化学条件。在实验中，他所取得的某些数据与能斯特的有所不同，他依靠实验终于证实了能斯特的计算是错误的，发明了合成氨工艺。

哈伯在一位来自英国的学生洛森诺的协助下，成功地设计出一套适合于高压实验的装置和合成氨的工艺流程，该流程是：在炽热的焦炭上方吹入水蒸气，可以获得几乎等体积的一氧化碳和氢气的混合气体。其中的一氧化碳在催化剂的作用下进一步与水蒸气反应，得到二氧化碳和氢气。然后将混合气体在一定压力下溶于水，二氧化碳被吸收，就制得了较纯净的氢气。

同样将水蒸气与适量的空气混合通过红热的炭，空气中的氧和碳便生成一氧化碳和二氧化碳而被吸收除掉，从而得到了所需要的氮气。

　　氮气和氢气的混合气体在高温高压的条件下及催化剂的作用下合成氨。但什么样的高温和高压条件为最佳？以什么样的催化剂为最好？这还必须花大力气进行探索。以锲而不舍的精神，经过四年几千次的实验和计算，1908年7月，哈伯在实验室用N_2和H_2，在600℃、200个大气压条件下合成氨，产率仅有2%，却是一项重大突破。通过持续不断的探索，终于在1909年取得了鼓舞人心的成果：在550℃的高温、200个大气压和锇为催化剂的条件下，能得到产率约为8%的合成氨。8%的转化率不算高，当然会影响生产的经济效益。哈伯知道合成氨反应不可能达到硫酸生产那么高的转化率，在硫酸生产中二氧化硫氧化反应的转化率几乎接近于100%。怎么办？哈伯认为若能使反应气体在高压下循环加工，并从这个循环中不断地把反应生成的氨分离出来，则这个工艺过程就是可行的。于是他成功地设计了原料气的循环工艺。这就是合成氨的哈伯法，他也因此而获得1918年诺贝尔化学奖。

　　卡尔·博施对2500种不同的催化剂进行了6500次试验，并终于成功研制出含有钾、铝氧化物作助催化剂的价廉易得的铁催化剂，这也是现代合成氨工业催化剂成分的雏形。同时，博施还尝试制造耐高温高压的装置，进行了多次试验，1911年3月，他采用新装置生产，经过一个月无事故运转后又进一步扩大装置。随着规模增大，许多高压附属设备，如压缩机、管道等发生破损。最终博施采用双层结构的方式才解决了设备耐高温高压问题，把合成塔设备改造成里外两圆筒具有双壁的装置，冷的高压原料气由两壁间空隙导入，实现了输入气体和排出气体间的热交换。这种合成氨法被称为Haber-Bosch法，它标志着工业上实现高压催化反应的第一个里程碑。博施因在改进合成氨的方法方面的贡献获得1931年诺贝尔化学奖。

　　从1911年到1913年短短两年内，哈伯不仅提高了合成氨的产率，而且合成1000吨液氨，并用它制造了3500吨烈性炸药TNT。到1913年的第一次世界大战时，哈伯为德国建成了无数个大大小小的合成氨工厂，为侵略者制造了数百万吨炸药，因而导致并蔓延了这场殃祸全球的世界大战。

　　合成氨的工艺是有史以来最成功的化学反应之一，这个具有重大经济价值的成果极大地促进了合成氨工业的普及和发展，也激励着科学家们继续对合成氨进行探索，继哈伯、博施两次因研究合成氨获得诺贝尔化学奖后，2007年诺贝尔化学奖再次授予德国科学家埃特尔，他通过对催化剂固体表面化学的研究，利用多种谱学技术对合成氨的机理进行了研究和证实。

　　目前，合成氨工业发展的前景是继续寻找低温高效的催化剂。人们正在研究合成氨反应更为高效的催化剂以及一种可持续的替代途径来生产氨，并消除合成氨与化石燃料和温室气体排放的强烈关联，进而实现生产过程的绿色化。他们模拟生物的功能，把生物的功能原理用于化学工业生产，可以改善现有的并创造崭新的化学工艺过程。他们从大自然中寻找灵感——特别是细菌和蓝藻中的固氮酶，由于有了铁和钼的辅酶，它们可以减少氮气。所以只有合理地设计催化剂才能提高合成氨反应的选择性。另外，化学家也利用电的力量来打破三重氮-氮键，同时从水中获取氢原子，并使用可再生能源——风能、水电、太阳能，使合成氨变得加倍的可持续，因为它避免了对从化石燃料中获得氢气的依赖。对合成氨生产工艺的可持续、绿色化的研究已经入选2021年度化学领域十大新兴技术。

【教学建议】通过了解人工合成氨，学生不仅可以掌握工业上综合考虑控制反应条件的基本思路和方法，同时教师还可以引导学生学会以辩证的、发展的眼光看待化学知识产生和发展过程中科学家们的"功"和"过"，学习合成氨工业开发工作中科学家们严谨求实、不畏艰险的科学态度。从勒夏特列因为氢气中混有氧气发生爆炸而放弃合成氨研究，到哈伯不畏艰险研制成功合成氨，以及博施经过对2500种不同的催化剂进行了6500次实验的探索过程得到合理的催化剂等化学史，以及目前人们对合成氨工艺的可持续、绿色化的探索，实现人与自然和谐共生等内容，都是激发学生爱国主义情感、实现课堂教学育人价值和作用的重要素材，教学过程中要充分挖掘和展现其教学价值。

（七）青蒿素的提取

青蒿素为无色针状结晶，熔点为156℃～157℃，易溶于氯仿、丙酮、乙酸乙酯等，可溶于乙醇、乙醚，微溶于冷石油醚，几乎不溶于水。因其具有特殊的过氧基团，它对热不稳定，易受湿、热和还原性物质的影响而分解。

青蒿素是治疗疟疾耐药性效果最好的药物，以青蒿素类药物为主的联合疗法也是当下治疗疟疾的最有效、最重要手段。但是近年来随着研究的深入，青蒿素的其他作用也越来越多地被发现和应用研究，如抗肿瘤、治疗肺动脉高压、抗糖尿病、胚胎毒性、抗真菌、免疫调节、抗病毒、抗炎、抗肺纤维化、抗菌、心血管作用等多种药理作用。

任何科学研究都不是一帆风顺的。在屠呦呦探索提取青蒿素的方法的过程中，她首先翻阅了大量历代文献资料，并向许多中医请教，从中积累探索，在此基础上筛选了几百种药物，最终确定了几种中药作为研究对象。除了青蒿，当时另一个发现是，胡椒对疟原虫的抑制率接近90%，但随后的临床试验结果并不理想。青蒿虽然曾经出现过60%的抑制率，但在接下来的试验中也没有得到进一步的重复。整个研究过程可以分为三个阶段，普遍筛选，确定对象，这是第一阶段，在第二阶段，也就是一年以后，屠呦呦团队把之前做过的药物又重新筛选，青蒿作为重新筛选的对象，也只得到抑制率10%～40%的试验结果。在第三阶段，鉴于此前反复试验的结果均不理想，屠呦呦查阅古籍，从东晋葛洪的《肘后备急方》"绞汁"记载中得到启示，开始考虑试验结果可能与温度有关，于是改变温度，用低沸点的溶剂去提取青蒿素，于是青蒿的抑制率几乎达到100%。所以在青蒿素的发现上，屠呦呦做出的贡献是关键性的。鉴于此，2015年10月，屠呦呦因创制新型抗疟药——青蒿素和双氢青蒿素的贡献，与另外两位科学家获2015年度诺贝尔生理学或医学奖。

随着研究的不断深入，青蒿素的提取方法越来越精确和高效，现在常用的分离纯化工艺主要有溶剂外加能量协助提取法、提取重结晶法、超临界CO_2萃取法和溶剂提取层析法等。

【教学建议】通过了解青蒿素的提取过程，不仅可以帮助学生认识物质分离提纯的科学方法，构建选择物质分离提纯方法的思维模型，同时在解决问题的过程中引导学生感悟中华传统文化的博大精深和我国科研工作者的奉献和钻研精神，体会科学研究的艰辛和科学研究的思维方法，认识到化学学科在人类社会发展中为人类创造财富认识化学学科为维护人类身体健康、满足人类日益增长的美好生活所做出的巨大贡献，感悟科学精神与社会责任，体会化学学科的价值和作用，帮助学生树立正确的科学价值观。

二、有关理论、模型不断发展的史实

（一）苯分子的结构不断发展的史实

苯最早是在19世纪初研究将煤气作为照明用气时合成出来的。最早发现苯的人是英国化学家、物理学家法拉第，1825年，他偶然发现储运煤气的桶里凝集着一种油状物，其经过分离后得到了一种无色的液体。他用当时原子量H=1、C=6的标准测出它的实验式是C_2H，并测出它的蒸气比重是氢气的39倍，但他并没有推算出它的分子式。如按照现在原子量标准H=1、C=12，苯的实验式则应该是CH，根据蒸气比重就能算出它的分子量是78，便很容易知道苯的真正分子式是C_6H_6。

1834年，德国科学家米希尔里希把安息香酸（苯甲酸）和碱石灰放到一起干馏之后，也得到一种碳氢化合物，他给这个化合物取名为"苯"，后来，法国化学家日拉尔等确定了苯的相对分子质量为78，结合苯的最简式可知其分子式为C_6H_6。

1845年，德国化学家霍夫曼从煤焦油中分离出来的轻馏分中发现了苯，他的学生C. Mansfield随后进行了加工提纯。后来他又发明了结晶法精制苯。他还进行工业应用的研究，开创了苯的加工利用途径。

1861年，化学家约翰·约瑟夫·洛斯密德首次提出了苯的单、双键交替结构，但他的成果未受到重视。

1865年，弗里德里希·凯库勒在论文《关于芳香族化合物的研究》中，再次确认了四年前苯的结构，为此，苯的这种结构被命名为"凯库勒式"。他对这一结构作出解释说，环中双键位置不是固定的，可以迅速移动，所以造成6个碳等价。他通过对苯的一氯代物、二氯代物种类的研究，发现苯是环形结构，每个碳连接一个氢。

1865年，苯成为一种工业产品，最初是从煤焦油中回收。随着它的用途的扩大，产量不断上升，到1930年已经成为世界十大吨位产品之一。

【教学建议】苯分子结构发现史中蕴含的理论知识经过了从无到有、从经验到理论、从不确定到逐渐完善的形成过程。在教学活动中，教师要引导学生通过了解知识的形成过程，促进对知识本质的学科理解，掌握知识的准确性和知识的联系性、思维的逻辑性和批判性、科学观念的形成、知识的表征方法。由于苯分子结构的发现是建立在理性与经验性方法的基础上，所以可以引导学生掌握理性的方法，如思维的方法、基本逻辑方法、假说与预见、模型方法。通过苯分子结构发现史可促进学生了解科学方法对科学研究的重要性，知道进行科学研究离不开经验方法与理性方法的使用，要掌握基本的经验方法原理及操作，以及严密的逻辑结构。另外，苯分子结构研究的过程也是科学活动的历程体现，要顺利地解决科学问题、完成科学活动任务，需要学生具有科学研究的思维意识和研究方法，教学过程中通过设计相应的教学环节，并设计各个环节的教学思路和方法，引导学生在不断地发现问题、分析问题、解决问题的过程中，实现关键能力的发展。对于苯的分子结构的研究，可以取其中的片段进行呈现，让学生体会饱和烃与不饱和烃的异同，这都是实现学科育人、发展学生化学学科核心素养的最好载体。

（二）原子结构模型不断发展的史实

从古希腊时期人们就开始研究物质的理论。人们对客观世界的研究从神话慢慢过渡到自然哲学。这个阶段发展了"物质"的概念并试图去解释纷繁的事物的表象，从这时起，人们由寻找"世界从哪里来"的问题转变成了"世界是由什么组成的"问题。

一般认为原子论的创始人是同一时期的留基波和德谟克利特这两个人。留基波认为，"每个整体是由无数粒子组成的，每个粒子刚硬、立体而不可分割。"而德谟克利特首次提出了原子的概念："物质由原子组成，虚空而真实的空间是原子运动的场所。人类的知识来源于原子对感官的影响。原子是同一的，原子的特殊组合是变换的。宇宙的一切事物都由在虚空中运动着的原子构成。所有事物的产生就是原子的结合，它们的形状像水槽，或是钩子。它们依靠钩状和环状的形状相连接。原子的形状和体积不同，但它们的质量是相同的。原子在虚空中只有通过直接接触才能相互作用。"

　　此后原子论并没有继续和快速地发展，直到西方文艺复兴后，自然科学的研究才逐渐受到重视。在这期间，笛卡儿提出了微粒子理论，他假设空间最初充满了物质。笛卡儿否认原子的不可分割性，他认为最初的宇宙由大小相同的粒子组成，这些粒子沿封闭曲线形成旋涡，结果造成今天的宇宙基本上由三种不同的粒子组成，这些粒子的性质可由质量、速度和运动的量等进行定量的描述。他和德谟克利特的观点不同，他认为原子可以分成两部分或者更多部分。对于笛卡儿来说，物体没有如坚硬、颜色或者其他的通过感官可以观察到的特征，物体只有物理尺度：长度、宽度和深度。

　　原子的概念进一步发展，人们逐渐发现不同的原子具有不同的性质。原子中的相应的化学元素的性质决定着物质的性质。在此基础上，道尔顿系统地提出了原子学说：化学元素均由原子组成，原子在一切化学变化中不可再分；同种元素原子的性质和质量都相同，不同元素原子的性质和质量各不相同，质量是元素原子的基本特征之一；不同元素化合时，原子以简单整数比结合。道尔顿第一次将原子从哲学带入化学研究中，在原子认识方面做出了不可磨灭的贡献，他通常被认为是原子论之父。

　　19世纪末，物理学上有了三大发现：伦琴发现了X射线，贝克勒尔发现了物质的放射性以及汤姆孙实验发现了电子的存在。这些发现揭示了原子具有复杂的结构。汤姆孙设想的原子结构模型是：在一团均匀弥漫的正电荷球体里，分布着一颗颗电子。这些电子绕原子的中心旋转并且具有壳层结构，形成电子环，这就是著名的"葡萄干布丁"模型。由这个模型出发，汤姆孙对当时发现的一些现象进行了解释，同时提出了关于原子结构方面的一些比较深刻的见解：①关于放射性的来源。汤姆孙指出，电子在一定的环上加速运动，按照经典电磁理论，它会向外辐射，用这一现象便可以解释放射性。②关于原子内电子分布的周期性。汤姆孙认为，每一个电子在环上运动产生的辐射受到邻近电子的抑制。由于电子之间互相排斥，当足够多的电子聚集到同一个电子环上时，不再发出辐射，力学稳定性要求每一电子环上只能容纳一定数目的电子。当在一个电子环上容纳的电子数目超出了力学稳定性的要求时，任何一个电子产生的振动都会使一个环崩溃。因而力学稳定性的条件可能是原子内电子分布周期性的一个线索。

　　卢瑟福于1910年底依据粒子散射实验提出了原子的核式结构模型。他认为所有原子都有一个原子核，核的体积只占整个原子体积很小的一部分，原子的正电荷以及绝大部分质量集中在核上，电子像行星绕着太阳那样绕核运动。卢瑟福模型的可取之处在于，大胆提出了原子以核为中心以及高密度原子核概念，还将原子分为核内和核外两部分。然而，卢瑟福模型并不能解释原子的稳定性以及原子发射的是线状光谱。

　　玻尔通过精心研究，认为原子有一个带正电的原子核，电子分布在以原子核为中心的不同圆环上运动。为了说明电子的普遍稳定性和原子的辐射特性，他提出了两条假设，即稳定态假设和辐射频率假设。他提出原子能够而且只能够稳定地存在于与分立的能量相应的一系列状态中，在不同轨道上运动的电子具有不同的量子化的能量；原子能量的任何变化只能在两个定态之间以跃迁的方式进行，如果辐射或吸收的能量以光的形式表现并被记录下来，就形成了光谱。

20世纪20年代以来，现代模型（电子云模型）认为电子绕核运动形成一个带负电荷的云团，对于具有波粒二象性的微观粒子，在一个确定时刻，其空间坐标与动量不能同时测准，这是德国物理学家海森堡在1927年提出的著名的测不准原理。物理学家德布罗意、薛定谔和海森堡等经过13年的艰苦论证，在玻尔原子模型的基础上提出了现代量子力学模型，很好地解释了许多复杂的光谱现象，其核心是波动力学。

现在，科学家已能利用电子显微镜和扫描隧道显微镜拍摄原子的照片。随着现代科学技术的发展，人类对原子的认识过程还会不断深化。

【教学建议】原子模型从最初的古希腊时期的哲学上的猜想与假设，经过一代代科学家不断地发现和提出新的原子结构模型的过程，使人们逐渐真正认识了世间事物的本质。原子模型的不断修正和改进始终伴随着科学技术的进步与发展，模型理论产生于实验研究的结果和现象，又将理论用于解释一定的物理现象，使原子模型有着充分的科学依据。这些演变过程正是社会进步的体现。所以教师要通过教学过程引导学生感受不断发现和提出新的原子结构模型的过程，让学生在探究活动中经历原子结构知识的产生过程，在比较异同中体验原子结构知识的发展过程，逐渐真正认识世间事物的本质。学生通过原子发展史的过程感受科学研究的艰辛与曲折，可认识到建立模型往往需要有一个不断修正、不断完善的过程，领悟到科学研究往往是一个曲折与艰辛的过程，需要顽强的毅力和百折不回的精神。通过让学生感受那些伟大的科学家高尚的人格魅力，使其增进对科学的认识，从而在渗透人文精神中提升学生的学科核心素养。

（三）氧化还原理论发展史

历史上氧化还原概念的诞生源自科学家对燃烧过程本质的探索。17世纪末至18世纪初，化学家用"燃素学说"解释燃烧本质，认为可燃物是由燃素和灰渣构成的化合物，可燃物燃烧时放出燃素，留下灰渣。随着气体化学的研究发展和定量方法的科学应用，"燃素学说"受到了质疑。1772年，法国化学家拉瓦锡开始研究燃烧问题，他重做了波义耳煅烧锡和铅金属的实验，但严格按照定量的方式进行，除了考察金属在加热前后的质量变化，还称量了密封了金属后的反应容器——曲颈甑在加热前后的质量，发现质量没有变化，最后打开瓶口，发现有一股空气冲进了瓶中，于是质量有所增加，而增加的质量恰与金属由于部分变成煅灰所增加的质量相等，由此他推测金属煅灰是金属和"空气"的化合物。为了增加上述推测的说服力，他又设法从金属煅灰中直接分解出"空气"来。汞煅灰的生成与分解实验揭示空气是由"上等可呼吸空气"（O_2）和"不能维持生命的空气"（N_2）组成，证明可燃物的燃烧或金属变成灰渣不是"脱燃素"，而是与氧（气）反应（被氧化）。1777年，拉瓦锡撰写的《燃烧理论》提出物质只有在氧（气）存在时才能燃烧，物质燃烧时吸收空气中的氧（气）而增重。拉瓦锡科学地解释了物质与氧气发生燃烧反应的本质，建立了燃烧的氧化学说，结束了燃素学说的统治。燃烧氧化学说让原本倒立的化学正立过来，开创了化学研究的新纪元。

1852年，弗兰克兰首先提出了化合价概念，起初将氢的化合价定为1，并把它作为各种元素的化合价的单位，由经验式从一种元素的化合价判断其他元素的化合价。从19世纪50年代开始延续到20世纪的30年代，一直沿用这种方法确定的化合价，所以也叫作据氢化合价，如1857年凯库勒提出碳通常是四价，1874年范霍夫和勒贝尔提出分子立体结构，认为碳原子的四个单键分别指向正四面体的四个顶角的方向，他们都以氢的化合价为1作为化合价的单位。当时认为，氢一个原子不可能与多于一个的其他元素的原子结合，所以氢永远是1价的，可用来作为化合价的单位，另一元素的化合价可以用与其一个原子相化合或被其一个原子所置换的氢原子数自来表示。如根据经验式HCl、H_2O、NH_3、CH_4，可以确定在这些化合物中氯的化合价为1，氧、氮、碳的化合价分别为2、3、4。

随着化学键理论的发展，人们发现化学键有三种典型键型：离子键、共价键和金属键，化合价是研究离子键和共价键时常用的概念。在这一阶段，化合价概念分化为共价、电价、配位数等不同的概念。因此，需要分别用不同的方法来确定某元素一个原子与其他原子化合的能力——化合价的数值。

电价（也叫离子价）是离子化合物中元素的化合价。正、负离子所带电荷数通常称为该离子的电价。对于单原子离子来说，这也就是该元素的电价。如NaCl由Na^+和Cl^-组成，它们的电价分别为+1和-1，元素钠和氯也分别为+1价和-1价。在MgO中存在的离子是Mg^{2+}和O^{2-}，因此元素镁和氧的电价分别为+2和-2。

路易斯和朗缪尔建立共价键的电子理论后，由共价键形成的物质中元素的化合价就被称为共价，并开始了由结构式判断元素的化合价，由元素一个原子所形成的化学键（共价键）的数目来表示化合价（共价）的时期。著名化学家鲍林在他1975年版的《化学》一书中对共价下的定义就是："一个元素的共价是指它的一个原子和其他原子形成的共价键数"。这也就是说，某元素的一个原子与其他原子共享的电子对的数目称为该元素的共价。

鲍林关于共价的定义和由原子所形成共价键的数目来确定元素共价的方法，适用于共用电子对是由两个成键原子各提供一个电子的情况。它们用于共价配键化合物时就遇到了困难。配位数是由化合价分化产生的另一个概念，它主要用于络合物和晶体。某一粒子（原子、离子或分子）的配位数就是在粒子周围直接结合的其他粒子的数目。对于过渡元素络合物，配位数是指中心离子邻接的配位体粒子的数目。配位数一般可由2到12，但以配位数4和6的络合物较常见，最常见的是6。例如，铁氰化钾$K_3[Fe(CN)_6]$的中心离子是Fe^{3+}，配位体是CN^-，其配位数为6；铜氨络离子$[Cu(NH_3)_4]^{2+}$的中心离子是Cu^{2+}，配位体是NH_3，其配位数为4。配位数的大小即与中心离子和配位体粒子的相对大小有关，又与两者间化学键的性质有关。

在晶体中，某一粒子（原子、离子或分子）的配位数是指该粒子周围直接连接的其他粒子的数目。在由共价键形成的原子晶体中，由于共价键有方向性和饱和性，所以原子的配位数决定于元素的共价。如石英（SiO_2）晶体是原子晶体，其中每个硅原子和4个氧原子以共价键相结合，每个氧原子和2个硅原子相结合，因此硅和氧原子的配位数分别为4和2，与它们的共价数分别相等。在离子晶体中，形成离子键的正、负离子的电子云分布，通常是球形对称的，所以离子键没有方向性和饱和性。正、负离子交错排列，各自和尽可能多的异号离子接触，因此配位数比较高。如在NaCl晶体中，Na^+和Cl^-的配位数都是6；在CsCl晶体中，Cs^+和Cl^-的配位数都是8。在金属单质晶体的A1和A3型最密堆积中，原子的配位数为12；在A2型和A4型堆积中，配位数分别为8和4。

有些氧化还原反应既涉及离子化合物又涉及共价化合物或单质。为了便于研究这些反应和配平反应方程式，有的学者曾经以电价和共价为基础，提出"正负化合价"概念，以正负化合价的升降值来表示在反应中物质发生"电子转移"（包括电子得失和电子偏移）的电子数目。这种正负化合价概念曾经在相当长的时间内被广泛使用。

随着对物质结构研究的不断深入，人们发现对于以共价键形成的单质和化合物，价键理论虽然对其中很多物质是适用的，但对其中另一部分物质并不适用。这后一类物质不仅包括新发现的比较复杂的金属有机化合物和原子簇化合物，如夹心结构π络合物二茂铁（C_5H_5)$_2$Fe、二苯铬（C_6H_6)$_2$Cr等，也包括一些看来比较简单的物质，如O_2、B_2、B_2H_2、Al_2Cl_6等。以价键理论为基础的共价概念应用于这些物质时遇到困难。因此，分子轨道理论越来越受到人们的重视。于是在一定范围内，关于共价键的传统观念——在相邻的两个原子之间以一对电子形成一个键这样的基本观点，发生了动摇。与此相联系，标志着用整数来定量量度化学元素化合能力的化合价概念也受到了挑战。

面对以上情况，化学家们的注意力更多地转向探索化学键的本质。至于怎样修改和发展共价概念被放在次要地位。在我国，著名化学家徐光宪在探讨原子簇化合物的结构规则等问题的基础上，于1983年提出了共价的新定义。同时，用于氧化还原反应的正负化合价概念逐渐被1948年提出的氧化数概念所代替。

随着化学键理论的发展，人们发现并不能简单地根据物质的化学式确定化学键的数目，特别是在共价化合物或单质分子中，不易分为正价或负价。1848年，美国化学教授格拉斯顿提出以氧化数代替价数，氧化数表示化合物（离子化合物或共价化合物）中各原子形式的电荷数，相当于离子化合物中各离子所带的电荷数，或共价化合物中原子偏向（或偏离）它的电子数。电子偏向电负性大的原子，该原子氧化数为负值；电子偏离电负性小的原子，该原子氧化数为正值。在相同的原子间，电子没有偏向任一边，则该原子氧化数为零。由此可知：氧化数是从原子的电性这一角度，由电价和共价抽象出来的一个经验数值。因为它跟化合价有关，所以氧化数又叫价态。这样，可以从电子的得失（或电子对偏移）来揭示化学键的本质，同时能揭示氧化还原反应的本质：物质失去电子（或电子对偏离），氧化数（化合价）升高，作还原剂，发生氧化反应；反之，作氧化剂，发生还原反应。"氧化数"的提出，有助于定义氧化剂、还原剂和氧化还原反应，标志着氧化还原配平标准的统一，相关知识的科学体系得以建立。

【教学建议】引导学生通过氧化还原理论不断发展的史实认识到人类对自然界的认识是几代人智慧的积累，从"燃素说"到"化合价"再到"氧化数"学说的建立，不仅掀起了化学领域中的诸多变革，进而掀起了一场彻底而全面的化学革命，而这些变革和革命是不断经过去粗取精、去伪存真、改正错误，才达到比较正确的认识。通过氧化还原反应的认识过程，要引导学生逐渐认识到每一个科学进展都打开了通向未知世界的大门，都能够提升我们对未知世界的认识能力和认识水平，同时丰富了我们认知未知世界的视角，学会化学知识背后科学家探索未知世界思维和方法。所以通过氧化还原反应概念的"螺旋式上升"学习，培养学生要用发展的眼光、科学的态度、勇于探索的品质学习化学，只有这样，学生才能进一步认识和把握化学学科发展的历史进程和现代化学发展的正确方向，这对提升学生科学精神与社会责任核心素养是极有价值的。

（四）飞秒化学

飞秒化学是研究在极小的时间内化学反应的过程和机理的分支学科。在这个极小的时间段里，产生的飞秒激光可以用于检测分子、原子、离子的结构、组成、运动等形成飞秒检测范畴。由1999年诺贝尔化学奖获得者艾哈迈德·泽维尔创立。他应用超短激光（飞秒激光）闪光成像技术观测到分子中的原子在化学反应中如何运动，即飞秒可以让人们通过"慢动作"观察处于化学反应过程中的原子与分子的转变状态（变化及生成的中间体），从而有助于人们理解和预期重要的化学反应，从根本上改变了我们对化学反应过程的认识。

艾哈迈德·泽维尔运用可能是世界上速度最快的激光闪光照相机拍摄到一百万亿分之一秒瞬间处于化学反应中的原子的化学键断裂和新形成的过程，犹如电视节目通过慢动作来观看足球赛精彩镜头那样，他的研究成果可以让人们通过"慢动作"观察处于化学反应过程中的原子与分子的转变状态，从根本上改变了我们对化学反应过程的认识。所以运用飞秒化学，化学反应将会更为可控，新的分子将会更容易制造，使人类得以研究和预测重要的化学反应。

泽韦尔小组是在实际的化学反应过程中，用高速照相机尽可能地给正好处于反应过渡态的分子摄像，所用的飞秒激光，其快的程度就像以铁钉生锈为基准的炸药爆炸速度。一般来说，反应分子中的原子完成一次振动的时间间隔为10～100fs。化学反应就在这样的时间分辨、像荡秋千一样的过渡态平衡中发生了。

首次成功是发现了从反应物到生成物过程中中间体的存在。为了理解反应过程中机理，从相对稳定的分子或分子碎片（中间体）开始，不断缩短脉冲照相的时间间隔，捕捉过渡态中的分子或分子碎片，使反应连续起来。

第一次实验是分解ICN即，$ICN \rightarrow I + CN$，整个反应在200fs内完成，在$I-C$键即将断裂的时候，泽韦尔小组能够准确地观察到过渡态。

另一个重要实验是$NaI \rightarrow Na + I$。在一个真空室中，原始分子以分子束的混合形式存在，用强的激活脉冲使平均核间距为2.8Å（$1Å = 10^{-10}m$）的基态离子对Na^+、I^-处于呈现共价键特征的激化状态 $[NaI]^*$（其性质随分子的振动而变化），再用较弱的探索脉冲以选定的波长去探测捕捉原始分子或变化了的分子。在光谱仪中，新的分子或分子碎片像指纹一样留了下来。实验表明，当 $[NaI]^*$ 核间距为10～15Å时，Na和I以离子形式存在；当核间距恰好在6.9Å时，极可能返回基态（2.8Å）或分解为Na和I原子。

泽韦尔还研究了$H + CO_2 \rightarrow CO + OH$，展现了该反应经历了一个相对长的HOCO状态（1000fs）。对同一分子内两个相同的化学键是同时断裂还是先后断裂的问题，通过对$C_2I_2F_4 \rightarrow C_2F_4 + 2I$的实验研究，表明是同时的。

随着研究的深入，另一个重要的有机反应是丁烷开环为乙烯和乙烯闭环成丁烷的平衡过程。它们可能只经过同时断裂或形成两个$C-C$键翻越一个简单能垒的过渡态；也可能先断裂或形成一个$C-C$键形成中间体，从而翻越双能垒的微观过程。泽韦尔及其合作者证实了中间体的存在，寿命为700fs。

再一个利用飞秒技术的典型反应是光致一个分子向另一个分子转化的光异构化。他们的结论是在反应过程中，两个苯环彼此是同时旋转的。

一个类似的行为在视黄醛（Retinal维生素A醛）中也已观察到。在最初的光化学作用时，顺反异构转化是绕着双键进行的。其他研究人员用飞秒光谱学技术发现该过程在200fs内完成，而且在产物中仍有一定量的振动。此反应速率表明，吸收的光子能量不是被平均分配而是集中在相应的双键上，此可以解释为什么有70%的高产率和夜晚眼睛对光敏感。

另一个重要的生物学例子是飞秒化学可以解释为什么植物叶绿素分子能通过光合作用有效地进行能量转换。

随着研究的拓展，飞秒化学已经渗透到许多领域，不仅对分子束，而且在表面化学方面（如理解和改良催化剂）、液体和溶剂方面、聚合物方面（如导体材料）等都得到应用。另一个重要的应用领域是生命科学方面。总之，泽韦尔的飞秒光学实验技术犹如电视节目通过慢动作来观看足球精彩镜头那样，他的研究成果可以让人们通过"慢动作"观察处于化学反应过程中的原子与分子的转变状态，从根本上改变了我们对化学反应过程的认识。

【教学建议】飞秒化学是利用激光技术，在极短的时间内观察研究化学反应变化过程的一种技术手段。我们运用飞秒化学，可以通过"慢动作"仔细"观察处于化学反应过程中的原子与分子的转变状态，从根本上改变了我们对化学反应过程的认识"，这就使得我们对化学反应的本质与过程不是"凭空想象"，而是有"实实在在"的科学依据，深刻体验和感受知识的产生和发展过程，同时认识到化学反应将会更为可控，新的分子将会更容易制造，使人类得以研究和预测重要的化学反应。这样的素材情境更能激发学生坚持科学研究中实事求是的科学态度，感受化学在生活中的价值和作用，加深学生对知识完整性的理解，学习科学家的研究方法和科学精神，发展学生的科学精神与社会责任素养。

（五）原子示踪技术

同位素示踪所利用的放射性核素或稳定性核素及它们的化合物，与自然界存在的相应普通元素及其化合物之间的化学性质和生物学性质是相同的，只是具有不同的核物理性质。因此，可以将同位素原子作为一种标记，制成含有同位素的标记化合物（如标记食物、药物和代谢物质等）代替相应的非标记化合物。利用放射性同位素不断地放出特征射线的核物理性质，就可以用核探测器随时追踪它在体内或体外的位置、数量及其转变等，稳定性同位素虽然不释放射线，但可以利用它与普通相应同位素的质量之差，通过质谱仪、气相层析仪、核磁共振等质量分析仪器来测定。

匈牙利化学家赫维西最初于1912年提出同位素原子示踪技术，并相继开展了许多同位素原子示踪研究。由于其开创性贡献，赫维西于1943年获诺贝尔化学奖。从20世纪30年代开始，随着重氢同位素和人工放射性的发现，同位素原子示踪技术开始广泛应用于基础科学和应用科学的各个领域。

放射性同位素和稳定性同位素都可作为示踪剂，但是稳定性同位素原子作为示踪剂其灵敏度较低，可获得的种类少，价格较昂贵，其应用范围受到限制，而用放射性同位素原子作为示踪剂不仅灵敏度高，测量方法简便易行，还能准确地定量，准确地定位及符合所研究对象的生理条件，等等。原子示踪技术在工业、农业、生物医学、环境研究以及基础科学等方面都有极为广泛的用途。

【教学建议】同位素示踪剂可用于追踪物质的变化过程及规律，这种研究方法有助于学生理解化反应的过程，认识化学反应的本质。追溯科学家运用同位素原子示踪技术的思路帮助学生构建科学研究思维，有利于学生更透彻地理解科学知识，有利于学生思维方式和行为方式的发展，有利于学生创造性的培养。在教学中，教师要重视学生对科学研究方法的应用，让学生明确此方法能够解决哪类问题，并以某一应用为例具体展开剖析，使学生充分理解此方法的优点，指导学生在今后的学习及科学研究中充分运用科学方法解决相关问题。

（六）食物中亚硝酸盐含量的测定

亚硝酸盐是一类无机化合物的总称。食品中亚硝酸盐一般是指其钠盐或钾盐，其性状为无色或微黄色的粉末，有咸味，外观及滋味与食盐相似。由于亚硝酸盐具有较好的发色、抑菌、抗氧化、增强风味等作用，在食品工业中具有不可替代的作用。我国食品安全国家标准规定允许少量亚硝酸盐可以作为护色剂、防腐剂添加到肉制品中（食品中亚硝酸盐含量≤4.0 mg/kg），所以在肉制品的加工生产中应用尤其广泛。

新鲜蔬菜中亚硝酸盐的主要来源是在种植时施用过多氮肥（如硝酸钠、硝酸钾、硝酸铵等），氮肥未被吸收利用的部分在硝化细菌的作用下就以硝酸盐的形式储存起来，硝酸盐在硝酸盐还原酶的作用下转变为亚硝酸盐。

过量亚硝酸盐能使血液中正常携氧的低铁血红蛋白氧化成高铁血红蛋白，而失去携氧能力，引起组织缺氧，形成亚硝酸盐中毒。亚硝酸盐的致癌机理是：在胃酸等环境下，亚硝酸盐与食物中的仲胺、叔胺和酰胺等反应生成强致癌物N-亚硝胺。食品中亚硝酸盐的测定方法包括离子色谱法、分光光度法、示波极谱法、荧光分析法等。

【教学建议】教学过程中，教师引导学生认识到亚硝酸盐在食品加工过程中的作用以及过量摄入亚硝酸盐对人体造成的危害，学会合理搭配饮食，养成科学合理的饮食习惯，少吃腌制食品，隔夜的剩菜也要尽量少吃。同时通过对食品中亚硝酸盐含量标准的认识，感受量变与质变的关系，通过了解食品中亚硝酸盐的测定方法，感受到化学工程技术对人类健康安全的重要价值和作用，体会学科知识和学科方法的价值和作用，发展学生的科学精神与社会责任素养。

第二节　常见的无机物及其应用

一、金属及其化合物的性质与应用

（一）补铁剂

铁是人体必需的微量元素，机体内的铁一方面用于合成蛋白等含血红素的蛋白质和参与过氧化氢酶等含铁酶的构成，另一方面以铁蛋白等形式构成人体储存铁。人体每日至少需要15mg铁，所需的铁有两个来源：①内源性铁：来源于衰老的红细胞释出的铁，是机体的重要来源。②外源性铁：从食物中摄取的铁，正常时与机体丢失的铁之间保持着动态平衡。

当机体铁缺乏时可影响血红蛋白的合成而引起贫血，含铁酶活性降低导致代谢紊乱，及时补充铁剂能予以纠正。体内的铁转运有赖于转铁蛋白。

补铁剂一般用于缺铁性贫血，尤其是营养不良、生长发育期需求量增加的小孩和一些有慢性失血的疾病，缺铁也就意味着人体很可能会出现贫血的健康问题，贫血会直接导致人的健康以及精神方面都受到一定的影响。所以在缺铁的时候，可以通过补铁剂补铁。治疗缺铁性贫血，常用的是硫酸亚铁，如硫酸亚铁维生素复合片、硫酸亚铁片等。但是补铁剂也会引起一些不良反应，比如恶心、想吐，还有肚子不舒服、肚子痛、拉肚子等，所以应该在医生指导下用药。建议饮食要注意清淡、营养均衡，避免难消化的食物，多吃富含铁质的食物，比如动物肝脏等。出现轻度缺铁，平常可以多吃一些含铁比较高的食物，比如菠菜、花菜、海带、紫菜、木耳、红豆、花生、黑豆等，缺铁比较严重的情况下，还是需要吃补铁的药物。

补铁剂中铁元素的价态为+2价，其检测方法为：将补铁药片研成粉末，并加入稀硫酸中，搅拌均匀。吸取上层溶液加入试管中，然后滴加几滴铁氰化钾溶液，生成蓝色沉淀，说明含有Fe^{2+}；再吸取上层溶液加入另一试管中，滴加几滴KSCN溶液，溶液变成血红色，说明Fe^{2+}已经被氧化为Fe^{3+}。

硫酸亚铁补铁剂大多设计成胶囊或用特制的糖衣包裹，就是为了起到密封作用，可以防止Fe^{2+}被氧化，食物、药物中的铁以Fe^{2+}形式被吸收，Fe^{3+}很难被吸收。维生素C是一种还原剂，能将难吸收的Fe^{3+}还原为容易吸收的Fe^{2+}，而且能够防止Fe^{2+}氧化成Fe^{3+}，所以加服维生素C能有效促进铁的吸收，提高治疗效果。也可以在服用铁剂期间多食用富含维生素C的水果、蔬菜（如橘子、猕猴桃、西红柿等），促进铁的吸收。

【教学建议】通过了解生活中的补铁剂让学生充分体会化学来源于生活，又服务于社会，拉近了理论与实际的距离，使学生感到化学就在我们身边，感受化学在生活中的价值和作用，对新知识的认识更加深刻，有助于发展学生的科学精神与社会责任素养。同时可以设计如何检测补铁剂中铁元素的价态，不仅能让学生对Fe^{2+}、Fe^{3+}的检验方法进行巩固和应用还丰富了学生对物质检测方法的认识，建构起探究物质检验的学科方法，提高了学生的实验设计、科学探究、实验操作的能力和学以致用的能力。通过引导学生亲身经历和体验科学探究的过程，使其初步学会运用化学实验解决生产和生活中的问题，从而发展学生的化学思维。

（二）实验室中硫酸亚铁的保存与使用

硫酸亚铁中的Fe^{2+}易被氧化为Fe^{3+}而导致硫酸亚铁变质，所以通常要加入铁粉防氧化。由于Fe^{2+}还能发生水解反应，所以为了抑制其水解还要加入稀硫酸，因此硫酸亚铁溶液的保存方法在加稀硫酸或加还原铁粉，或是二者均加的问题上，出现不一致的结论。通过实验验证，在不加稀硫酸的条件下，还原铁粉不能将铁离子还原成亚铁离子。因此在保存过程中需同时加还原铁粉和稀硫酸，且采用稀硫酸直接和还原铁粉反应得到硫酸亚铁溶液的方式，保存的时间更长。同时还要将储存硫酸亚铁溶液的铁罐放置在低温条件（如室温5℃）下，将有效降低氧化反应，延长硫酸亚铁溶液的保存时间。也可以将乙醇、甘油等抑制剂加入硫酸亚铁溶液中，可以有效降低氧化反应，减少溶液的含氧量，延长硫酸亚铁溶液的保存时间。同样，硫酸亚铁在实验过程中也要防止被氧化。

【教学建议】通过学习实验室中硫酸亚铁的保存与使用的探索过程，学生不仅能够掌握Fe^{2+}、Fe^{3+}的检验方法和盐类水解知识，也能辩证地看待实验室药品的存放方式，学会如何根据药品的性质有效保存而防止药品变质，进而可以拓展到家用化学用品（如家用药品、家用消毒剂、厨房中的"面碱"和食醋以及料酒等）如何正确存放，如暴露在空气中容易受潮变质的应密闭保存，让学生体会到化学与生活的密切关系，感悟化学学科的价值和应用价值，进而提升化学学科核心素养。

（三）菠菜中铁元素的检测

菠菜中含有多种丰富的维生素和微量元素，营养价值颇高。菠菜中的铁元素以草酸亚铁的形式存在，100g菠菜约含2mg铁。草酸亚铁是一种淡黄色结晶性粉末，在冷水中的溶解度是0.022g，属于难溶物。高温下，草酸亚铁分解为氧化亚铁。检验菠菜中的铁元素的方法如下：取晾晒的菠菜，灼烧成灰烬，用25mL2mol/L的稀硫酸溶液溶解，加热煮沸1min，过滤后得无色滤液，加入2mL滤液于试管中，再加入3%的H_2O_2、5滴KSCN溶液，观察到无色溶液的颜色呈血红色。

【教学建议】通过学习菠菜中铁元素的检测的实验活动，教师引导学生亲身经历"提出问题→猜想假设→设计实验→反思评价→修正实验→形成结论"等科学探究要素，感悟科学探究的实质，充分体验化学科学的特色。同时还可以引导学生总结草酸亚铁的性质，巩固元素化合物的知识：Fe^{2+}可能具有氧化性和还原性；草酸根是弱酸的酸根，可能和强酸反应等。另外，教师还可以引导学生讨论定量测定菠菜中铁元素的方案，如通过测$Fe(OH)_2$质量、测$Fe(OH)_3$、Fe_2O_3质量、滴定法测Fe^{2+}（与高锰酸钾反应）含量等方法提升学生定量研究物质性质和含量的实验设计能力，这样就可以不断强化学生的高阶思维能力。

（四）钠用作强除水剂

钠作为一种极其活泼的金属单质，在日常生活中极为罕见，但是金属钠却是一种重要的化工原料，在工业生产中有非常重要的用途。如果一种有机物结构中不含羟基氢原子，也不含其他可以得电子还原的活性基团，则该有机物一般不与金属钠反应，此时加入金属钠就能起到除去微量水的作用，如乙醚不与金属钠反应，制备绝对乙醚就可以在初步干燥后，用金属钠处理乙醚。但用金属钠除去有机物中的微量水要注意有机物本身不能与金属钠反应；有机物对碱不敏感，同时要注意用钠作除水剂时务必先用其他干燥剂进行初步干燥，除去大部分水，再加入金属钠，否则容易发生失控反应，甚至导致有机物起火燃烧。除去残留微量水后，必要时应进行蒸馏，以防NaOH等杂质混入。

【教学建议】通过学习"利用钠与水的反应除去有机物中少量的水"的应用，学生不仅能感受钠的活泼性以及有机物中不同氢原子具有不同的化学活泼性、不同的化学性质，同时还能体会到金属钠在工业生产中的重要用途，学会"用化学的方法解决化学问题"的思维认知模型，还能感受化学在生活中的价值和作用。这对发展学生的科学精神与社会责任素养极为有利。

（五）火山喷发中含硫物质的转化

地下主要含硫物质有黄铁矿、辰砂、雄黄、雌黄等，地表主要含硫物质有石膏、芒硝、重晶石等。火山喷发出来的硫元素在地下、地表或空气中发生不同的转化，最终形成不同的含硫物质。如火山喷发时，部分硫转化成硫化氢气体，部分硫转化成二氧化硫气体。在氧气、水蒸气等存在时，二氧化硫被氧化成三氧化硫。二氧化硫和三氧化硫溶于水，分别生成亚硫酸和硫酸。在地下裂缝中，熔融态的硫与含有铁、砷、汞等元素的物质反应形成矿物。暴露于地表的多种含硫矿物受到空气中氧气和水蒸气的作用，生成新的物质（如石膏、芒硝等）。

【教学建议】首先可以通过具有震撼力的火山喷发视频，帮助学生建立正确的价值观，同时使学生更加清晰地了解火山喷发时产生的不同的含硫元素的物质，可以通过"价-类二维图"完成对硫元素不同化合价的物质之间转化过程的分析，使学生初步认识不同价态硫元素之间的转化具有一定的变化规律。教学过程中，教师通过让学生建构硫及其化合物相互转化的知识网络，建立起研究物质转化的一般方法：从价态和类别两个角度理解含硫物质的转化，通过氧化还原反应实现不同价态硫元素物质间的转化，通过溶液酸碱性的变化实现同价态硫元素物质间的转化，同时为氮等元素化合物的学习提供方法。火山中含硫物质的相互转化均是有实际应用价值的，最能体现化学学科的应用价值。教学过程中，学生可以通过分析推理、交流讨论等活动，建构硫及其化合物相互转化的知识网络。学习基于证据推理的思维方法，能基于证据对 Na_2SO_3 的性质变化提出可能的假设，并通过实验加以证实或证伪，让学生体会到运用变化规律解决如何减少人类活动对自然界硫循环的影响。火山喷发中含硫物质的转化是引导学生认识"硫和含硫化合物的相互转化"的最佳素材，是培养学生变化观念的良好载体。教学时，教师要多创设真实问题情境，让学生在解决问题的过程中提升变化观念的水平。

二、非金属及其化合物的性质与应用

（一）"雷雨发庄稼"

植物生长需要氮元素，但是空气中含有的氮气不能被植物直接吸收，在雷电的环境下，空气中的氮气和氧气可以发生反应生成一氧化氮，而一氧化氮又可以与氧气直接反应生成二氧化氮，产生的二氧化氮与水反应生成硝酸，硝酸又和不溶盐类反应生成可溶的硝酸盐成为天然氮肥，硝酸盐可被植物直接吸收进而促进生物生长，这就是"雷雨发庄稼"的基本原理。由雷电导致的固氮作用是地球上氮盐天然合成的主要途径。氮盐是植物生长所必需的大量营养盐，在工业时代之前，农业不使用化肥，雷雨天降水中的氮盐相当于给农作物施了一次肥，能促进其生长，所以说"雷雨发庄稼"。据测算，全球每年因雷电落到地面的氮肥就有4亿吨。

【教学建议】"雷雨发庄稼"是将自然现象与化学物质的性质相结合、通过元素化合物的学习构建元素化合物认知模型的最佳素材。在教学过程中，学生要通过推理、探究、思考、争论、构建观念等将知识背后的价值功能挖掘出来。教学过程中，教师通过设置"雷雨发庄稼"教学情境引导学生思考氮及其化合物的转化关系，再利用"价-类二维图"有依据地预测物质的性质，再通过以化学实验为主的多种探究活动，使学生体验科学探究的过程，激发其学习化学的兴趣，强化科学探究的意识，促进学习方式的转变，培养了学生的创新精神和实践能力。通过调动学生主动参与探究学习的积极性，引导学生通过实验、观察、调查、资料收集、阅读、讨论、辩论等多种方式，在提出问题、猜想与假设、制定计划、进行实验、收集证据、解释与结论、反思与评价、表达与交流等活动中，增进对科学探究的理解，发展科学探究能力。

（二）氮的循环与氮的固定

氮循环是指氮在自然界中的循环转化过程，是生物圈内基本的物质循环之一，如大气中的氮经微生物等作用而进入土壤，为动植物所利用，最终又在微生物的参与下返回大气中，如此反复循环。构成陆地生态系统氮循环的主要环节是：生物体内有机氮的合成、氨化作用、硝化作用、反硝化作用和固氮作用。植物吸收土壤中的铵盐和硝酸盐，进而将这些无机氮同化成植物体内的蛋白质等有机氮。动物直接或间接以植物为食物，将植物体内的有机氮同化成动物体内的有机氮，这一过程为生物体内有机氮的合成。动植物的遗体、排出物和残落物中的有机氮化合物被微生物分解后形成氨，这一过程是氨化作用。在有氧的条件下，土壤中的氨或铵盐在硝化细菌的作用下最终氧化成硝酸盐，这一过程叫硝化作用。氨化作用和硝化作用产生的无机氮都能被植物吸收利用。在氧气不足的条件下，土壤中的硝酸盐被反硝化细菌等多种微生物还原成亚硝酸盐，并且进一步还原成分子态氮，分子态氮则返回到大气中，这一过程被称作反硝化作用。固氮作用是分子态氮被还原成氨和其他含氮化合物的过程。自然界中氮的固定有两种方式：一种是非生物固氮，即通过闪电、高温放电等固氮，这样形成的氮化物很少；二是生物固氮，即分子态氮在生物体内还原为氨的过程。大气中90%以上的分子态氮都是通过固氮微生物的作用被还原为氨的。即由于微生物的活动，土壤已成为氮循环中最活跃的区域。氮循环系统中，氮的收支应该是平衡的，即固氮作用和脱氨作用基本持平。在循环系统中，氮收支不平衡会影响到活性氮对人类健康和生存环境积极或消极的影响。氮的过量"活化"便使自然界原有的固氮和脱氨失去平衡，氮循环被严重扰乱，越来越多的活化氮开始向大气和水体过量迁移，循环开始出现病态，导致全球环境出现问题。

【教学建议】 教学过程中，教师不仅要引导学生认识到化学与人类活动密切相关、化学的发展会促进人类社会的不断发展，同时还要引导学生认识到人类活动要遵循自然规律，如在氮循环系统中氮的收支要平衡，即固氮作用和脱氨作用基本持平。通过对"氮缺乏会导致植物生长缓慢进而产生危害，氮污染会造成水体中氮元素过多导致富营养化、温室效应和酸雨以及NO_2诱发各种疾病乃至致癌"等一系列危害性问题的讨论，引导学生建立"要正确认识和采用科学的措施和政策"实现人与自然的和谐共处、协调发展关系的科学观念，让学生体会到实现人类与自然可持续发展是人类生存与发展的必由之路，感受化学在生活中的价值和作用，发展学生的科学精神与社会责任素养。

（三）氮肥的生产与合理使用

氮肥制造指矿物氮肥及用化学方法制成含有作物营养元素氮的化肥的生产。氮肥的历史非常悠久，从最早的硫酸铵到硝酸铵，再到现在用量较大的尿素和碳酸氢铵，每种氮肥产品的制备方法和含量均有差异。常见的氮肥有硫酸铵、硝酸铵、尿素、碳酸氢铵、氯化铵、石灰氮、氨水、硝酸钾、硝酸钠、碳酸铵等。

在20世纪四五十年代，硫酸铵是最主要的氮肥产品；而到了70年代，尿素就成为主流的氮肥产品并一直持续到现在；到了80年代之后，碳酸氢铵是当时的主要氮肥产品。目前人们在使用过程中还是以尿素和碳酸氢铵为主。由于氮在空气中的含量很高，约占到空气总量的78%之多，因此，以前人们在生产氮肥的时候，是从空气中获取氮元素，然后生产出成品的氮肥。在生产过程中，最关键的一个步骤就是合成氨气，通常是用氮气和氢气在高温高压下反应生成。生成氨气之后，就可以通过一系列的化学反应制成各种氮肥产品。如氨水就是氨气的水溶液，氯化铵则是由氨气与氯气进行反应生成。由于从空气中提取氮气生产氮肥不仅麻烦，而且成本极高，因此现在基本以天然气为原料合成氨气从而用于生产氮肥。这种方法具有生产成本低、污染小等优势，已经成为氮肥生产的主要方式。氮肥对作物的生长起着关键的作用，在氮肥的使用过程中一定要做到科学合理。

（1）铵态氮肥（如碳酸氢铵、氯化铵等）由于挥发性比较强，在大棚里面挥发的氨气容易对作物产生毒害，因此应避免使用或者使用之后立刻浇水防止氨气的挥发。此外，铵态氮肥与碱性肥料混用会导致氨气挥发造成肥效流失。通常铵态氮肥适用于水田，肥效快而且利用率高。

（2）硝态氮肥（如硝酸钙、硝酸铵等）容易随水流失，不适合水田使用。另外，硝态氮肥不可与有机肥一起使用，防止在反硝化细菌的作用下肥效流失。同时硝态氮肥不宜长期使用，防止土壤残留过多的硝酸根物质产生化学反应生成亚硝酸盐。

（3）酰胺态氮肥只有尿素，尿素属于中性氮肥，而且含氮量最高，使用之后不产生任何残留，对土壤友好，目前使用量最大也最为广泛。但是尿素在施入土壤之后，需要在脲酶细菌分泌的脲酶作用下转换为铵态氮才能被作物吸收，因此使用尿素要在作物需氮的高峰期之前提前使用。另外，尿素里面有缩二脲成分，缩二脲对作物的幼苗和种子有毒害作用。我们在使用尿素的时候，要尽量避免使用缩二脲含量过高的产品。

（4）改良土壤，提高氮肥的利用率。氮肥的利用率与土壤有很大的关系，目前氮肥的利用率普遍在30%左右，剩余70%被白白浪费掉。目前我国农田普遍缺乏有机质，土壤酸化板结严重，我们应当增加有机肥、生物菌肥的使用量，提高土壤有机质含量，从而改善土壤的团粒结构，提高土壤的保水保肥能力，对提高氮肥的利用率有很好的帮助。

综上所述，根据各种氮肥特性加以区别对待，要将氮肥深施，合理配施其他肥料，根据作物的目标产量和土壤的供氮能力确定氮肥的合理用量。

【教学建议】通过学习氮肥生产的发展历史，教师引导学生感悟人类为了提高粮食产量以满足人口增长的需求而对氮的固定的科学探索过程付出的艰辛努力，感受化学在人类社会发展历史长河中的价值和作用。对于氮肥使用的注意事项，可以结合氮肥的性质设计一系列的实验过程，让学生结合实验结论自主归纳出氮肥使用的注意事项，这样不仅有利于学生理解氮肥的性质，体会物质的性质与用途的关系，还能让学生进一步学会分析、研究、解决元素化合物知识的方法，体验科学探究的一般方法，引领学生在实验中思考，这不仅让学生感受到化学学科是有趣的、实用的，还能有效激发学生从化学视角看现实问题的科学素养。这不仅是学习非金属及其化合物知识的需要，也是学生获得未来生活和发展所必需的科学素养的需要。同时使学生认识到自然资源的利用与化学科学密不可分，体会到人与自然和谐共处的重要意义。

（四）食品（葡萄酒）中适量添加二氧化硫的作用

二氧化硫是一种无色、有刺激性臭味的有毒气体，易溶于水。二氧化硫进入人体呼吸道后，会在湿润的黏膜上生成具有腐蚀性的亚硫酸、硫酸和硫酸盐，会对人的呼吸道产生强烈的刺激。而且二氧化硫进入血液后会破坏酶的活力，从而影响身体的代谢功能，对肝脏也有一定的损害作用。尤其是患有心脏病和呼吸道疾病的人对这种气体最为敏感。但由于二氧化硫遇水会形成亚硫酸，亚硫酸具有较强的还原性，在食物被氧化时可保持食品的鲜艳色泽，使其不变色；有抗氧化作用，可减缓食品的褐变反应；还可以控制微生物的生长，从而起到防腐作用。因此，二氧化硫在葡萄酒中可起到四个作用：一是选择性杀菌。作为一种杀菌剂，不同微生物对二氧化硫的耐受力是不同的，其中细菌最为敏感，加入二氧化硫后最先被杀死；再者是柠檬型酵母，酿酒酵母对二氧化硫的耐受力比较强，所以可以通过二氧化硫来选择发酵微生物。二是澄清作用。通过抑制微生物活动，推迟发酵开始时间，从而有利于葡萄汁中悬浮物的沉淀。三是抗氧化作用。二氧化硫能防止酒的氧化，特别是阻碍和破坏葡萄中的多酚氧化酶，包括健康葡萄中的酪氨酸酶和霉烂葡萄中的虫漆酶，减少单宁、色素的氧化以及其他一些葡萄酒病害发生。四是增酸。增酸是杀菌和溶解两个作用的结果，通过调节发酵基质达到合适的酸度。在贮藏过程中，葡萄酒中游离二氧化硫的含量不断地变化，必须定期测定和调整葡萄酒中游离二氧化硫的浓度。

葡萄酒酿造过程中添加二氧化硫已有几百年历史。在葡萄酒酿造过程中会"天然"地产生少量二氧化硫，由于这个量比较小，所以人们会额外添加二氧化硫。对于葡萄酒中二氧化硫的上限，我国规定是250毫克/升，而市面上葡萄酒中二氧化硫的含量大多在100毫克/升，因此葡萄酒中的残留二氧化硫一般不超过限度。二氧化硫进入人体内后会生成亚硫酸盐，然后通过正常解毒后最终由尿排出体外，因此少量的二氧化硫进入机体可以认为是安全无害的。

【教学建议】教学过程中，教师可以充分挖掘二氧化硫在实际生活中的应用以体现其价值和作用，然后将二氧化硫在实际生活中的应用这一情境贯穿整个课堂，不仅使其承载相应的化学知识的构建，同时要完成对学生认知思路和学科核心价值的构建。即在教学过程中可以从"元素观"发展的角度，引导学生从物质类别、核心元素价态两个角度认识二氧化硫的性质，提升研究无机物化学性质的基本思路和方法，同时要通过二氧化硫在食品中的应用构建科学的学科价值观念。教学中，教师可以引导学生阅读和分析葡萄酒标签中的物质成分，通过标签中"含二氧化硫"引发学生思考：为什么这个常常跟酸雨、空气污染物相关联的"有毒有害的化学物质"竟然堂而皇之地出现在食品（葡萄酒）中，进而引导学生认识二氧化硫鲜为人知的保鲜防腐的正面作用，可以重新塑造二氧化硫在学生心目中的形象，同时在设计时注意引导他们将学会的知识应用于生活，提高生活质量。由于二氧化硫往往是化学的负面作用居多，所以如果在教学中不进行合理引导，会让学生过多地感到和强化其化学的负作用，进而导致学生对化学充满戒心，甚至会厌恶化学，降低学生对化学的学习兴趣，甚至会让学生逃避化学。所以通过对生活中食品保鲜问题的分析，让学生体会化学与生活、化学与健康的关系，培养其关注社会的意识和责任感。

（五）含氯消毒剂及其合理使用

含氯消毒剂是指溶于水产生具有杀微生物活性的次氯酸的消毒剂，其杀微生物有效成分常以有效氯表示。包括"84"消毒液、漂白粉、含氯消毒粉或含氯泡腾片等。由于次氯酸分子量小，所以易扩散到细菌表面并穿透细胞膜进入菌体内，使菌体蛋白氧化导致细菌死亡。含氯消毒剂可杀灭各种微生物，包括细菌繁殖体、病毒、真菌、结核杆菌和抗力最强的细菌芽孢。

含氯消毒剂可杀灭各种微生物。"84"消毒液是最普通的家用漂白剂，必须稀释以后才能使用。被消毒物品消毒以后的物品应该用清水冲洗干净后才能使用。"84"消毒液的漂白作用与腐蚀性较强，最好不要用于衣物的消毒，必须使用时浓度要低，浸泡的时间不要太长。蔬菜、水果等食物不能用"84"消毒液消毒。"84"消毒液必须密封存放，不要把"84"消毒液与其他洗涤剂或消毒液混合使用。

常规消毒对象及使用浓度对新发呼吸道传染病消毒时，一般含氯消毒剂适用于医疗卫生机构、公共场所和家庭的一般物体表面、医疗器械、医疗废物、食饮具、织物、果蔬和水等的消毒，也适用于疫源地各种污染物的消毒处理。

含氯消毒剂使用时应现用现配，具体使用方法按照产品说明书进行。根据消毒物品的特点，可采用喷洒、浸泡、擦拭和冲洗等消毒方法；使用时应戴手套，避免接触皮肤。如不慎溅入眼睛，应立即用水冲洗，严重者应就医。含氯消毒剂应在阴凉处避光、防潮、密封保存，现配现用。含氯消毒剂对织物有漂白作用，不应用于有色织物的消毒；对金属与其他物品有腐蚀，消毒后及时冲洗；用于餐具与诊疗器械消毒后，应及时用清水洗净残留消毒液后方可用于人体。

【教学建议】含氯消毒剂既是高中化学教材中的核心知识，也是生活中常见的用途广泛的消毒剂，在抗击重大疫情的消杀工作中发挥了重要的作用，特别是"84"消毒液是很多家庭的常备消毒剂。而且氯元素价态的丰富性以及含氯化合物种类的多样性使其成为氧化还原反应和物质相互转化学习的良好载体，所以在教学中教师要充分挖掘这一教学价值。教学过程中，教师可以"84"消毒液为教学载体，以需要解决的生活实际中的任务为驱动，通过"价-类二维图"引导学生对其成分的类别和价态进行分析和探究，发展基于物质类别和氧化还原反应的"宏观辨识与微观探析""证据推理与模型认知"化学学科核心素养；通过实验探究活动使学生了解"84"消毒液的性质，发展其"科学探究与创新意识"核心素养，提升对陌生物质性质的探究能力；通过对"84"消毒液产品说明书的解读以及对用其消毒的分析，形成合理使用含氯消毒剂的意识；通过学习活动，增强学生科学使用化学品的意识，提高其从生活中学化学、到生活中用化学的意识，培养学生基于事实探寻物质变化本质的科学态度和科学使用化学品的社会责任感。

（六）酸雨的成因与防治

酸雨是指pH值小于5.6的雨雪或其他形式的降水，主要是人为地向大气中排放大量酸性物质所造成的。酸雨分为硫酸和硝酸，分别是由硫氧化物和氮氧化物形成的。硫氧化物有自然和人为两个来源，自然排放大约占大气中全部二氧化硫的一半。自然排放的硫氧化物有土壤中的某些机体，如动物死尸和植物败叶在细菌作用下可分解某些硫化物最终转化为SO_x，火山爆发也将喷出一定量的SO_x气体；人为排放的硫氧化物大部分来自贮存在煤炭、石油、天然气等化石燃料中的硫，在燃烧时以二氧化硫形态释放出来，其他一部分来自金属冶炼和硫酸生产过程。氮氧化物也有自然和人为两个来源，自然排放的氮氧化物包括雷电电能使空气中的氮气和氧气部分化合生成氮氧化物，土壤硝酸盐分解产生氮氧化物，林火以及火山活动等途径能产生氮氧化物；人为排放的氮氧化物主要有电站燃烧化石燃料、工厂燃烧化石燃料、机动车的排放等途径。

酸雨对陆生生态系统造成的危害极大，所以人们越来越重视酸雨的防治。如采用煤脱硫技术除去燃煤中大部分硫；优先使用低硫燃料（如含硫较低的低硫煤和天然气等），减少燃煤过程中二氧化硫和氮氧化物的排放量；还可对煤燃烧后形成的烟气在排放到大气之前进行烟气脱硫，如用石灰法可以除去烟气中绝大部分的二氧化硫气体。同时通过调整能源结构，开发可以代替燃煤的清洁能源，也会减少二氧化硫的排放。

【教学建议】通过酸雨形成原因、形成过程及防治策略的学习过程，教师要引导学生从物质类别和元素价态的视角认识物质间的转化关系，深化对物质及其变化多样性的认识，感受硫和氮元素的多种化合物的不同特性和用途；同时能理解硫和氮单质及其化合物的应用对社会发展的价值、对环境的影响。通过对具体问题的讨论，学生能有意识地运用所学知识或寻求相关证据参与社会性科学议题的讨论，能主动运用所学的化学知识和方法解决生产、生活中简单的化学问题，能运用绿色化学思想分析和讨论化工生产的相关问题，感受化学在生活中的价值和作用。

（七）日常生活中的氧化还原反应

1. 碳的循环与氧化还原反应

光合作用是绿色植物通过叶绿体的作用，充分利用光能将水和二氧化碳转化成有机物质，用以储存能量，同时还可以释放出一定的氧气。即光合作用除了能够制造有机物，还起到了转化并且储存太阳能，平衡大气中氧与二氧化碳的含量，使其达到一定稳定状态的作用。植物的呼吸作用过程中发生了氧化还原反应。

2. 氮的循环与氧化还原反应

在氮的循环过程中，大气中所含的氮气可借着空中的闪电与氧气化合，形成一氧化氮，再逐步还原成氨；或是氮直接经由固氮生物的作用而产生氨，进入土壤中。氨可借着生物体中酶的催化作用，进入细胞蛋白质中，成为有机的含氮化合物。氮也常以硝酸盐的形式贮存在土壤中，在进入生物体后再还原成氨和氨基。此外，许多细菌作用于氮转变过程的中间产物，还原产生氮气，释放回大气层中（脱氮作用）而完成整个循环，在这些转化过程中均发生了氧化还原反应。

3. 能源与氧化还原反应

家庭、工厂、商业和运输上工具所需用的能量绝大部分来自煤、石油或者天然气等化石燃料的氧化，这是我们日常生活中最常见的一类氧化还原反应。

4. 杀菌、漂白与氧化还原反应

液氯或臭氧常用来净化饮水，消灭水中所含的病原体；次氯酸溶液则可以作为医院病房或器具的一种有效杀菌剂。在这些物质的杀菌过程中，其关键的化学反应就是由这类强氧化剂对病原体致命部分的强烈氧化作用。这些含氧或氯的化学物质因具有强氧化作用，也可以用作木浆、纸张或棉花的漂白剂，其原因是大部分漂白剂的作用是将有色的物质氧化，使其转变为无色的物质，或是变得容易分离。

5. 金属的冶炼与氧化还原反应

金属几乎都是以化合物的状态存在于自然界中，在化合物中，金属元素都表现为正化合价。金属的冶炼就是将正化合价的金属还原成零价，故要加入适当的还原剂，通过发生氧化还原反应来实现金属的冶炼。

6. 电化学与氧化还原反应

原电池中负极（还原剂）通过失电子发生氧化反应，正极（氧化剂）通过得电子发生还原反应；在电镀或电解过程中，还原剂在阳极通过失去电子发生氧化反应，在阴极，氧化剂通过得到电子发生还原反应，所以电化学都是通过电子的转移来完成的，即电化学是氧化还原反应的具体表现。

7. 炸药与氧化还原反应

炸药的爆炸其实也是一种特别剧烈的氧化还原反应。炸药可能是一种强还原剂与强氧化剂的混合物，也可能是一种单一的化学物质，其分子同时具有强还原性与强氧化性两个不同部分。当炸药被引发时，在强还原剂与强氧化剂之间迅速发生反应，瞬间释放出内藏的巨大能量，而产生了爆炸现象。

8. 医学与氧化还原反应

医学界在针对疾病和老化的系列研究中发现了自由基——抗氧化物质的理论。人体内的自由基有许多种，较活泼、不成对电子的自由基性质不稳定，具有抢夺其他物质的电子使自己原本不成对的电子变得较稳定的特性。而被抢走电子的物质也可能变得不稳定，可能再去抢夺其他物质的电子，于是就产生了连锁反应，造成这些被抢夺的物质遭到破坏。人体的老化和疾病可能就是从这个时候开始的，而经常吃充分富含维生素C的水果、蔬菜可以有效促进身体健康。维生素C是抗氧化剂，它能够有效抑制细胞基本成分的氧化，从而可以帮助减少自由基对皮肤的伤害，加速自由基的消除，减缓皮肤的衰老。

此外，由于空气中氧气的存在，使得我们生活在一个氧化性的环境中。食物的腐败、钢铁腐蚀、铜质水管长铜绿、铝质器皿擦亮后变暗都是被氧化的结果。

【教学建议】生产生活中处处可见氧化还原反应，在教学过程中，教师不仅要引导学生通过生产生活中氧化还原反应的实例理解氧化还原反应的本质特征，还要充分利用氧化还原反应的本质分析生产生活中的反应现象，使其感受化学与生产生活之间的密切关系。同时还要让学生学会辩证地看待和处理与氧化还原反应有关的化学问题，如利用氧化还原反应的实质如何防止或减缓有害的氧化还原反应，促进或者加快有益的氧化还原反应，能够正确处理生产生活中氧化还原反应的"利与弊"，能够对重大的社会性问题做出科学的决策，使得化学能够更好地为人类社会的发展服务，也能够学会用自己所学的化学知识使自己的生活更加安全、更加健康。

第三节 物质结构基础及化学反应规律

一、铝制品的合理使用

由于铝的化学性质活泼，一般的还原剂很难将它还原，因而铝的冶炼比较困难。铝从发现到制得纯铝，经过十几位科学家100多年的努力。如丹麦科学家厄斯泰德将氧化铝与木炭的混合物加强热至白炽状态，再通入氯气，得到一些不纯净的铝。英国化学家戴维试图用电解法来获得这种未知金属未能成功。德国化学家维勒用制得的无水氯化铝与金属钾反应制取了少量的金属铝。后来，法国化学家改进维勒的方法，用钠作还原剂，成功地制得成铸块的金属铝。由于钠价格昂贵，用钠作还原剂生产的铝成本比黄金还贵得多。直到1886年，美国的大学生霍尔和法国大学生埃罗各自独立地研究出电解制铝法，铝制品才得以广泛推广和应用，由此可以看出铝的活泼性比较强，容易和很多化学物质发生反应。所以在日常生活中尽量不要使用铝制餐具，因为在温度比较高的环境下，铝离子很容易从铝制餐具中跑出来进入我们的食物中，特别是铝制品在接触到铁制餐具的时候，会促进铝离子的放出，在进食含有过多的铝元素的食物后，会影响身体健康。在制作腌菜的时候，最好不要使用铝制品。当铝锅上面有污垢的时候，可以在煮饭的时候用软布沾上水在铝锅的表面轻轻擦拭，擦去油污。

【教学建议】铝是典型的活泼金属元素，铝单质及其化合物在生产生活中有广泛的用途。氧化铝和氢氧化铝又是典型的两性氧化物和两性氢氧化物，所以本节课的学习可以丰富学生对金属及其化合物知识的认识，为学习和理解元素周期表和元素周期律奠定知识基础。在教学中，教师不仅要通过实验探究引导学生认识铝及其化合物的重要性质，而且要从类别和价态的视角理解铝及其化合物的重要性质，同时通过铝制品的合理使用进一步强化学生对铝及其化合物性质的认识和理解，学会从化学的视角分析生产生活现象，正确处理生产生活中的化学问题，丰富学生对金属材料的认识，感受化学学科的社会价值与应用价值。

二、用铝疏通下水管道

管道疏通剂是一种用来疏通管道的化学药剂，其主要成分是氢氧化钠和铝粉。铝单质可以和氢氧化钠溶液发生反应，不仅可产生氢气，同时还能放出大量的热。使用管道疏通时，铝粉与氢氧化钠溶液反应放出大量的热，可以加快氢氧化钠与油脂、头发、菜叶剩饭、厨房垃圾等堵塞物的反应速度，达到快速疏通、强力除菌、清除异味的效果。管道疏通剂需要密封保存，这是由于氢氧化钠能和空气中的二氧化碳反应生成碳酸钠而变质。人如不慎接触，要立即用清水冲洗，不可用接触过产品的手揉拭眼睛，更不可食用。

【教学建议】管道疏通剂对下水道的疏通作用是利用了铝单质可以和氢氧化钠溶液反应放出大量的热的反应本质和氢氧化钠与油脂、头发、菜叶剩饭、厨房垃圾等堵塞物在较高温度下可以快速反应的基本原理。在教学中，教师不宜对氢氧化钠与堵塞物的反应进行拓展和探索，而是要对铝单质与氢氧化钠溶液反应这一事实进行探索，引导学生分析铝单质与氢氧化钠溶液反应的实质，理解铝的化学性质，完善铝及其化合物的认知思路，学会用化学的视角分析生产生活现象，感受化学在生活中的价值和作用。

三、稀土资源

化学元素周期表中镧系元素以及与镧系的15个元素密切相关的两个元素——钪和钇共17种元素，称为稀土元素。稀土资源具有重要的应用价值，在工业、军事、医疗、能源、环境等领域都有广泛的应用。

1. 军事工业的应用

稀土有工业"黄金"之称，由于其具有优良的光电磁等物理特性，能与其他材料组成性能各异、品种繁多的新型材料，其最显著的功能就是大幅度提高其他产品的质量和性能。比如大幅度提高用于制造坦克、飞机、导弹的钢材、铝合金、镁合金、钛合金的战术性能。稀土还是电子、激光、核工业、超导等诸多高科技的润滑剂。

2. 冶金工业的应用

稀土金属或氟化物、硅化物加入钢中，能起到精炼、脱硫、中和低熔点有害杂质的作用，并可以改善钢的加工性能。稀土硅铁合金、稀土硅镁合金可以作为球化剂生产稀土球墨铸铁。由于这种球墨铸铁特别适用于生产有特殊要求的复杂球铁件，被广泛用于汽车、拖拉机、柴油机等机械制造业。稀土金属添加至镁、铝、铜、锌、镍等有色合金中，可以改善合金的物理化学性能，并提高合金室温及高温机械性能。

3. 石油化工领域的应用

用稀土制成的分子筛催化剂具有活性高、选择性好、抗重金属中毒能力强的优点，因而取代了硅酸铝催化剂用于石油催化裂化过程；在合成氨生产过程中，用少量的硝酸稀土为助催化剂，其处理气量比镍铝催化剂大1.5倍；在合成顺丁橡胶和异戊橡胶过程中，采用环烷酸稀土–三异丁基铝型催化剂，所获得的产品性能优良；复合稀土氧化物还可以用作内燃机尾气净化催化剂，环烷酸铈还可用作油漆催干剂等。

4. 玻璃陶瓷行业的应用

稀土氧化物或经过加工处理的稀土精矿，可作为抛光粉广泛用于光学玻璃、眼镜片、显像管、示波管、平板玻璃、塑料及金属餐具的抛光；在熔制玻璃过程中，可利用二氧化铈对铁有很强的氧化作用降低玻璃中的铁含量，以达到脱除玻璃中绿色的目的；添加稀土氧化物可以制得不同用途的光学玻璃和特种玻璃，其中包括能通过红外线、吸收紫外线的玻璃，耐酸及耐热的玻璃，防X射线的玻璃等；在陶釉和瓷釉中添加稀土，可以减轻釉的碎裂性，并能使制品呈现不同的颜色和光泽，因此被广泛用于陶瓷工业。

5. 新材料领域的应用

稀土钴及钕、铁、硼永磁材料具有高剩磁、高矫顽力和高磁能积，被广泛用于电子及航天工业；纯稀土氧化物和三氧化二铁化合而成的石榴石型铁氧体单晶及多晶，可用于微波与电子工业；用高纯氧化钕制作的钇铝石榴石和钕玻璃，可作为固体激光材料；稀土六硼化物可用于制作电子发射的阴极材料；镧镍金属是20世纪70年代新发展起来的贮氢材料；铬酸镧是高温热电材料；近年来，世界各国采用钡钇铜氧元素改进的钡基氧化物制作的超导材料，可在液氮温区获得超导体，使超导材料的研制取得了突破性进展。

6. 农业生产的应用

研究结果表明，稀土元素可以提高植物的叶绿素含量，增强光合作用，促进根系发育，增加根系对养分的吸收。稀土还能促进种子萌发，提高种子的发芽率，促进幼苗生长。除了以上主要作用，稀土还具有使某些作物增强抗病、抗寒、抗旱的能力。大量的研究还表明，使用适当浓度的稀土元素能促进植物对养分的吸收、转化和利用。如喷施稀土可使苹果和柑橘果实的维生素C含量、总糖含量、糖酸比均有所提高，促进果实着色和早熟，并可抑制其贮藏过程中的呼吸强度，降低腐烂率。

我国是世界第一大稀土资源国。我国的稀土资源不但储量丰富，还具有矿种和稀土元素齐全、稀土品位及矿点分布合理等优势，为我国稀土工业的发展奠定了坚实的基础。我国稀土行业的快速发展不仅满足了国内经济社会发展的需要，而且为全球稀土供应作出了重要贡献。

【教学建议】稀土不是中学化学的核心知识，所以在课堂教学中不宜对稀土知识进行拓展，学生可以在了解稀土元素在周期表中的位置以及稀土元素原子结构特点的基础上，借助稀土元素与其他材料组成性能各异、品种繁多的新型材料在工业、军事、医疗、能源、环境等领域的重要应用，感受稀土材料与我们的社会生活息息相关，感受科学技术对人类社会发展所起到的重要作用。通过介绍我国储量丰富、品种齐全的稀土资源对世界科技发展和技术进步所作的重大贡献，提升学生的中华民族自豪感和责任感，这是发展学生科学精神与社会责任素养的良好载体。

四、化学键

化学键存在的证据：物质在三态之间转化时存在能量变化，1mol 100℃的水转变成1mol 100℃的水蒸气时吸收40.75kJ的热量，水转变成水蒸气只是增大了分子与分子间距离；1mol0℃的冰完全融化为1mol 0℃的水需要吸收6.048kJ的热量，冰融化吸收热量使分子与分子之间的活跃程度增大，也只是改变了分子间的距离，分子的结构没有发生变化，说明水分子之间一定存在某种作用力，水的状态的改变只是改变了分子间的距离。而1mol水分解产生新物质氢气和氧气，需要消耗285.8kJ的热量，说明水分子内部存在的作用力更强，这种作用力就是化学键。

利用化学键讨论化学反应能量变化的本质：化学反应中的能量变化是由化学反应中旧化学键断裂时吸收的能量与新化学键形成时放出的能量不同引起的，如氢气与氯气能量的变化，在氢气与氯气反应生成氯化氢气体的反应中，断裂1molH-H键要吸收436.4kJ的能量，断裂1molCl-Cl键要吸收242.7kJ的能量，形成1molH-Cl键要释放431.8kJ的能量，则1molH$_2$与Cl$_2$充分反应时消耗的能量小于释放的能量，则该反应为放热反应。

【教学建议】化学键是分析物质结构特点和物质性质的主要依据，是科学家在总结长期实践经验的基础上建立和发展起来的，用来概括观察到的大量化学事实，特别是用来说明原子为何以一定的比例结合成具有确定几何形状的、相对稳定和相对独立的、性质与其组成原子完全不同的分子。在教学过程中，为了强化学生的直观感受，教师可通过具体的数据将抽象的概念转化为直观的感受，凸显"以数据说理"的教学价值，这样不仅有利于学生理解化学键，而且还能使其体会到化学键与分子间作用力的相对大小关系，感受化学键与分子间作用力对物质性质的不同影响，认识到化学变化的本质特征。通过证据推理过程完成对知识的建构，不仅能够发展学生"证据推理与模型认知"素养，而且能够强化学生通过"宏观现象来认识微观变化本质"，发展学生的宏观辨识与微观探析素养。

五、化学反应存在限度的证据

1. 炼铁高炉尾气之谜

炼铁过程中人们发现，炼制生铁时，从高炉炉顶出来的气体中含有没有利用的CO气体。最初炼铁工程师们认为是CO与铁矿石接触不充分之故，于是设法增加高炉的高度。然而高炉增高后，高炉尾气中的CO_2与CO比例竟然没有改变，这成了炼铁技术中的科学悬念，有关人士一直在探究其中的原因，后来直到19世纪下半叶，法国科学家勒夏特列经过深入的研究，才将这一谜底解开。原来，产生上述现象的原因是"二氧化碳与焦炭生成一氧化碳"的反应是一个可逆的反应，自上而下发生在高炉中有焦炭的地方，并且在高炉中Fe_2O_3和CO的反应也是一个可逆的反应，即Fe_2O_3和CO不能全部转化为Fe和CO_2。

2. 合成氨

氮气和氢气的混合气体在一定条件下合成氨。人们在探索合成氨气的过程中发现，无论如何得到的合成氨中仍然含有大量的氮气和氢气。1908年，德国化学家哈伯在实验室用N_2和H_2在600℃、200个大气压下合成出氨，但产率仅有2%，后来通过反复探索才搞清楚其原理，这是由于合成氨的反应是一个可逆的反应。

【**教学建议**】通过展示"人类探索物质制备或者合成的过程中的历史事实"，教师引导学生感受化学反应不能彻底完成是自然界常见的一种现象，即化学反应存在一定的限度。这样学生不仅能够认识化学反应的本质，而且能够丰富其对化学反应的认识视角，完善其认知结构。教学过程中，教师要通过"提出问题、寻找证据论证、得出结论"引领整个学习活动过程，学生在活动中能够深度参与讨论和探究，发展认识化学反应的全新视角，并形成解决问题的一般思路方法。教学活动不仅要帮助学生认识"化学反应存在限度"、认识"化学反应存在限度"的内在原因和实质、用化学反应的限度解释工农业生产中的现象，建立起调控化学反应进行程度的意识，同时通过证据推理过程完成对知识的建构，提高学生的"证据推理与模型认知"素养水平。

六、催化剂在调控化学反应速率中的作用

催化剂一般是指在化学反应中能提高化学反应速率而不改变化学平衡，且本身的质量和化学性质在化学反应前后都没有发生改变的物质。催化剂在化学反应中降低了反应所需要的活化能，对化学反应速率的影响非常大，有的催化剂可以使化学反应速率加快到几百万倍以上。催化剂一般具有选择性，它仅能使某一反应或某一类型的反应加速进行。据统计，约有90%以上的工业过程中使用催化剂，如化工、石化、生化、环保等。

催化剂种类繁多，在现代化学工业中占有极其重要的地位，例如，合成氨生产采用铁催化剂，硫酸生产采用钒催化剂，乙烯的聚合以及用丁二烯制橡胶等三大合成材料的生产中，都采用不同的催化剂。在化学反应中，催化剂只能加速热力学上可以进行的反应。所以分析催化剂对化学反应的影响时，首先要对反应进行热力学分析，看它是否是热力学上可行的反应。其次，催化剂只能加速反应趋于平衡，不能改变反应的平衡常数。催化剂对反应具有选择性，当反应可能有一个以上不同方向时，催化剂仅加速其中一种，促进反应速率和选择性是统一的。催化剂能改变化学反应速率，在理想情况下，催化剂不为反应所改变。但在实际反应过程中，催化剂长期受热和经化学作用，也会发生一些不可逆的物理或者化学变化，使得催化剂失去催化活性。如催化剂活性组分与某些外来成分发生化学反应或离子交换而导致活性成分发生变化而导致催化活性迅速下降，活性组分在使用过程中被磨损或升华造成丢失也导致催化活性迅速下降。

【教学建议】通过情境素材，使学生认识催化剂对化学反应速率影响的本质。教学过程中，教师要设计对比性实验，引导学生感受不同催化剂对化学反应速率影响的差异性，学会选择调控化学反应速率；在活动过程中还要引导学生提出有探究价值的化学问题，通过对问题的探索，发展学生的高级思维能力。实验设计要以学生为主体、教师为主导，充分引导学生参加实验方案设计、实验探究、交流研讨等活动，在各种活动中，教师要抓住时机及时点评，通过评价激发学生的实验创新能力。同时通过了解催化剂对化学反应速率的调控，教师引导学生理解化学、技术、社会和环境之间的密切关系，认识到人类社会发展过程中化学科学的巨大贡献，进而感受通过宏观现象来认识微观变化本质，发展学生的"宏观辨识与微观探析"素养。

七、热敷袋与冷敷袋

热敷袋的主要成分是铁粉、碳粉、木屑和少量的氯化钠、水等。热敷袋里面装的铁粉很细小，而且每粒铁粉里有许多孔洞，和空气的接触面积很大。热敷袋产生热量的反应原理是发生电化学反应：碳粉、铁、氯化钠溶液构成了原电池，在原电池中铁为负极被氧化，碳粉为电池的正极；氯化钠为电解质溶液，使用时要剪开外面的包装，轻揉内袋才能发热，铁粉一旦与空气接触，它们就会一起与氧发生反应，放出热量，这些热量蓄积起来就能使热敷袋的温度升高。在放热过程中，铁先被氧化成二价铁离子，氧气被还原为氢氧根离子，最终铁反应生成三氧化二铁，所以当热敷袋使用完后还会发现有铁锈生成。

冷敷袋的主要原理是盐（硝酸铵、碳酸钠或硝酸钠）和水发生的化学反应是吸热反应。水和盐分开放在袋内，中间使用容易破裂的隔离层。当使用时，把冷敷袋曲折，隔离层就会破裂，水就会和盐混合发生化学反应会使温度降低。冷敷袋适用于物理降温，在日常生活中有降温、保鲜和镇痛等用途。

【**教学建议**】热敷袋与冷敷袋均是利用化学反应释放或者吸收热量在生活中的具体应用的典型事例。在教学中，教师可以通过这两个典型事例引导学生认识化学反应按照能量变化可以分为吸热反应和放热反应，不仅丰富了学生对化学反应分类的认知，同时还可以使其感受到化学在生活中的价值和作用。教学过程中，教师还要注意只需要对反应放出或者吸收热量的原理作初步分析，让学生理解反应放出或者吸收热量即可，不宜拓展太广或者挖掘太深。

第四节　简单的有机化合物及其应用

一、乙烯工业

乙烯是最简单的烯烃，乙烯工业在国民经济中占据重要地位，是石油化工产业的核心，其衍生制品占石化产品的比例超过75%，有"石化工业之母"的称号。乙烯作为重要的有机化工基本原料，是合成树脂、合成纤维、合成橡胶、医药、染料、农药、日用化工产品等的基本原料。在合成材料方面，大量用于生产聚乙烯、氯乙烯及聚氯乙烯，乙苯、苯乙烯、聚苯乙烯以及乙丙橡胶等；在有机合成方面，广泛用于合成乙醇、环氧乙烷、乙二醇、乙醛、乙酸、丙醛、丙酸及其衍生物等多种基本有机合成原料；经卤化，可制氯代乙烯、氯代乙烷、溴代乙烷；经齐聚可制 α-烯烃，进而生产高级醇、烷基苯等。目前生产乙烯的工艺可分为以下三类：

第一，煤制烯烃是指以煤合成的甲醇为原料，借助类似催化裂化生产低碳烯烃的化工技术。此工艺为典型的"高污染、高能耗"产业，也是我国严控的产业。

第二，石脑油蒸汽裂解是以石脑油为原料，在高温条件下使石脑油中各族烃分子分解的过程，其主要产物为乙烯，副产少量丙烯。

第三，乙烷裂解制乙烯是以原油直接蒸馏得到的乙烷通过脱氢、断链、二烯烃合成等反应最终得到乙烯的过程。与石脑油裂解制乙烯相比，乙烷裂解装置具有工艺流程短、占地面积小、装置投资少、乙烯收率高等相对优势。

【教学建议】乙烯的产量可用来衡量一个国家的石油化工水平，我国乙烯的产量、生产技术已经达到世界先进水平。乙烯制品在生活中随处可见，与我们的生活息息相关，所以乙烯及其工业生产也是体现化学学科社会价值和应用价值的绝好素材。在教学过程中，教师可以"结构—性质—用途"为主线，通过乙烯及其制成品的用途引入对乙烯的学习，然后可以通过资料卡片介绍我国乙烯工业，让学生感受我国科学技术的发展对人类社会进步所作的重大贡献，同时结合教材中对乙烯产品的介绍，引导学生认识乙烯工业产品在工农业生产和人们的日常生活中的用途，这样不仅能拓展学生的视野，还能使其感受到化学的价值和作用。

二、我国的酿酒技术与酒文化

我国酿酒技术的发展总的分为两个阶段。

第一阶段是自然发酵阶段。经历数千年，传统发酵技术由孕育、发展直至成熟，形成了一个较为完善的传统酿酒技术体系。这一阶段，人们主要是凭经验酿酒，基本上是手工操作，对酿酒过程的微观世界并没有全面、深入、细致的了解，酒的质量没有一套科学的检测指标作保证。第二阶段是从民国开始的。由于引入西方的科技知识，尤其是微生物学、生物化学和工程知识后，传统酿酒技术发生了巨大的变化，人们懂得了酿酒微观世界的奥秘，生产上劳动强度大大降低，机械化水平提高，同时掌握了酒的浓度的测量方法，这使得酒类产品的质量更稳定、品质更能得到保障。

酒文化是中华民族饮食文化的一个重要组成部分。酒是人类最古老的食物之一，它的历史几乎是与人类文化史一道开始的。自从酒出现之后，作为一种物质文化，酒的形态多种多样，其发展历程与经济发展史同步，而酒又不仅仅是一种食物，它还具有精神文化价值。中国是世界上酿酒最早的国家之一，从我国酿酒的发展可以了解中国的政治、经济、农业生产、商业、历史文化等，即酒是一种文化的载体，酒渗透于整个中华文明史中，从文学艺术创作、文化娱乐到饮食烹饪、养生保健、日常生活等各方面在中国人的生活中都占有重要的位置。中国酒文化历史悠久，内涵丰富，博大精深，是中华文明的组成部分，也是人们日常生活的一项重要内容。

【教学建议】教学中，教师要注重情境素材的选取和应用，如在导入新课时，通过对描述酒诗歌和我国酒文化的讲解，根据学生已有的知识以及日常生活中乙醇的应用得出乙醇的物理性质。在乙醇的性质学习中，学生可以结合我国酿酒技术的发展阶段认识在人类社会发展过程中化学知识以及生产技术所发挥的重要作用。在学习乙醇的催化氧化性质时，教师要引导学生联系生活，思考为什么不能饮酒过量，对人体产生什么影响，从而体会化学与生活的密切关系。创设情境——乙醇与重铬酸钾溶液的反应，观看交警检测司机是否酒驾的图片，从真实情境中教育学生不能有酒驾的违法行为，使情境素材的选取和应用达到激发学生的学习兴趣、突破难点的效果，也可以引导学生体会我国在酿酒过程中如何科学存放酒类产品，使其感悟化学的价值，体会中华传统文化的博大精深。

三、工业酒精的制备

现有工业酒精的制备工艺方法主要有两类：

1. 发酵法

发酵法是利用淀粉质原料或糖质原料，在微生物的作用下生成酒精。通常可以用淀粉为原料通过发酵生产酒精，这是我国当前生产酒精的主要方法，它是利用薯类、谷物及野生植物等含淀粉的原料，在微生物的作用下将淀粉水解为葡萄糖，再进一步发酵生成酒精。

2. 化学合成法

化学合成法是利用炼焦炭、裂解石油的废气为原料，经化学合成反应而制成酒精。可分为间接水合法和直接水合法两种，目前工业上普遍采用后者。①间接水合法，又称硫酸水合法，是将乙烯与硫酸经加成作用生成硫酸氢乙脂，再进行水解，生成乙醇和硫酸。此法的缺点是对设备腐蚀严重，酸消耗较多；优点是对原料气体的纯度要求不高，设备简化，易于生产。②直接水合法，是乙烯与水蒸气在磷酸催化剂存在下，在高压高温下可直接发生加成反应，生成酒精。此法要求原料气的乙烯纯度在98%以上，需要采用特出的方法分离裂解其中各种组分，对设备、材料都提出了较高的要求，但此法步骤简单，无腐蚀问题。

【教学建议】酒精是广泛应用于食品、医药、化工、科研以及能源等各个领域的重要工业原料，特别是人们解决能源危机的重要能源替代品之一。在教学中，教师可以通过引导学生了解工业酒精的制备途径，认识到人类社会发展过程中为解决能源问题所作出的努力以及酒精在人类社会发展中的重要作用，特别是以秸秆为原料制取工业酒精，用炼焦炭、裂解石油的废气为原料经化学合成反应而制成酒精，不仅让学生明确通过"变废为宝"开发新能源、新原料的研究方向，也让学生了解了人类社会发展过程中如何能够实现和谐发展、可持续发展的研究方向，感受化学在生活中的价值和作用。

四、乙醇汽油

乙醇汽油是和普通汽油按一定比例（我国暂定为10%）通过特定工艺混配而成的新一代清洁环保型车用燃料，是一种能源替代物。在汽油中加入适量乙醇作为汽车燃料，不仅可节省石油资源，减少汽车尾气对空气的污染，还能源结构调整。乙醇在汽油机上的应用技术已经相当成熟，多年的实践经验证明，普通汽油车无须任何改动就可以使用添加10%乙醇的汽油。

由于乙醇是一种有机溶剂，在生产、储存、燃烧过程中都会产生有机酸，易对机件产生腐蚀和磨损，需清洗燃油系统和油箱，对汽车的塑料密封件进行防腐蚀处理，更换部分橡胶材料，如软管更换为丁腈橡胶，密封件更换为含氟橡胶。由于燃料乙醇热值比汽油热值低，故会使动力性能下降。但因乙醇中的氧将原汽油中不能完全燃烧的部分充分燃烧，从而使功率上升。两者相抵，总体持平或略有下降。

乙醇作为燃料早在20世纪初就已经出现，后来随着石化系燃油大量生产，使汽油和柴油成了发动机的主要燃料，从而抑制了乙醇燃料的发展。直到20世纪70年代，初全球性"石油危机"的爆发和不断严格的汽车排放法规才使得燃料乙醇的研究应用迅速发展。

能源多样化是能源安全的一个良好对策，农作物燃料乙醇的推广使用意义重大。大力推广使用乙醇汽油，有利于我国能源多样化、绿色能源经济的可持续发展。

【教学建议】随着人类社会的不断发展，人们对能源的需求量越来越大，乙醇汽油可以节省石油资源，减少汽车尾气对空气的污染，还可促进农业的生产。乙醇属于可再生能源，而且原料易得，它不影响汽车的行驶性能，还减少了有害气体的排放量。所以乙醇汽油作为一种新型清洁燃料，是当前世界上可再生能源的发展重点，可以实现能源绿色化、可持续化、多样化，符合能源发展的方向，而且技术上成熟、安全、可靠，具有较好的经济效益和社会效益，对于实现优化能源结构、改善生态环境、促进农业发展具有重要的作用。在教学中，教师可引导学生认识乙醇汽油的重要意义，对构建学生绿色能源观、可持续发展观都有十分重要的意义。

五、固体酒精

固体酒精并不是固体状态的酒精，而是将工业酒精中加入固化剂使之成为固体形态。固体酒精因使用、运输和携带方便，燃烧时对环境的污染较少，与液体酒精相比比较安全，所以广泛应用于餐饮业、旅游业和野外作业等。常见的固体酒精是醋酸钙、硝化纤维、乙基羧基乙基纤维素、高级脂肪酸等固化剂与酒精形成的凝胶。这些固化剂易溶于水而难溶于酒精，当两种溶液相混合时，醋酸钙在酒精中成为凝胶析出，液体便逐渐从浑浊到稠厚，最后凝聚为一整块，就得到固体酒精。使用时用一根火柴即可点燃，燃烧时无烟尘，火焰温度均匀，温度可达到600℃左右。每250g可以燃烧1.5小时以上。

固体酒精在温度很低时由于硬脂酸不能完全溶解，因此无法制得固体酒精。在30℃时，硬脂酸可以溶解，但需要较长的时间，且两液混合后立刻生成固体酒精。由于固化速度太快，致使生成的产品均匀性差。随着温度的升高，固化的产品均匀性越来越好。在60℃时，两液混合后并不立即产生固化，因此可以使溶液混合得非常均匀，混合后在自然冷却过程中，酒精不断地固化，最后得到均匀一致的固体酒精，就可以使制成的固体酒精在燃烧时仍然保持固体状态。这样大大提高了固体酒精在使用时的安全性，同时可以降低成本，在某些场合可以使用塑料袋包装代替铁桶或塑料桶的包装。特别是在野外作业或旅游时，可以直接将固体酒精放在铁板或砖块上燃烧而不必盛于铁桶内，用起来特别方便。当增加了硬脂酸的用量后，固体酒精在燃烧时会有一层不易燃烧的硬膜生成，阻止了酒精的流淌，而保持了酒精的固体形态。

【教学建议】固体酒精是一种运输、携带方便，燃烧时对环境的污染较少，与液体酒精相比比较安全的固体燃料，其主要成分为乙醇。在教学中，教师可展示固体酒精的制取方法，引导学生通过制取固体酒精，不仅感受化学世界的奇妙，也能够提高动手能力。同时，通过对固体酒精燃烧后成分的分析与检验，发展学生的实验探究能力。

六、酒后驾车的检验

驾驶员饮酒后，由于酒精的作用，使人的身体处于麻醉状态，从而影响思维能力，造成感觉机能降低、反应迟钝、意识混乱、判断能力下降、动作不协调，易造成操作失误，严重时会失去控制能力而导致交通事故的发生。发生事故以后，不仅会对自己的身体和车辆造成伤害，也会对他人及其车辆造成危害。

测醉驾的方法一般由查获的交通警察对驾驶人进行呼气酒精含量检测或者抽血、提取尿样等检材，送交有检验鉴定资质的机构对血液中的酒精含量进行检验。车辆驾驶人员血液中的酒精含量大于或者等于80mg/100mL时，就被认定为醉酒驾驶。

呼气酒精含量检测的原理为乙醇与重铬酸钾溶液反应，使其变色，根据硅胶颜色的变化（硅胶中的+6价铬能被酒精蒸气还原为+3价铬，颜色发生变化），可以判断司机是否酒后驾车。

【教学建议】通过酒精对人体的危害（麻痹神经、模糊视力、降低机能、反应迟钝、意识混乱、判断能力下降等）以及在人体内的转化（生成有毒的乙醛等），教师引导学生认识到酒驾的危害，在日常生活中也要奉劝自己的家人以及亲朋好友做到"喝酒不开车，开车不喝酒，不仅是保护自己，也是保护他人"，做一个"安全交通宣传员"，从化学的视角做好交通安全宣传和保护工作。

七、酒精在人体内的转化

饮酒后，少量酒精可在进入人体之后马上随肺部呼吸或经汗腺排出体外。其余的酒精中10%～20%经胃吸收、80%～90%经小肠吸收，经血液循环进入全身脏器。饮酒2～5

分钟后酒精开始进入血液，30～90分钟达到高峰。肝脏是酒精代谢的主要场所，正常生理条件下，约80%的酒精被肝脏内的氧化酶进行分解代谢。

酒精在人体内的分解代谢主要靠两种酶：一种是乙醇脱氢酶，另一种是乙醛脱氢酶。乙醇脱氢酶能把酒精分子中的两个氢原子脱掉，使乙醇分解变成乙醛。乙醛对人体有害，但乙醛脱氢酶则能把乙醛中的两个氢原子脱掉，使乙醛转化成乙酸进而被分解为二氧化碳和水并释放热量。人体内若是具备这两种酶，就能较快地分解酒精，中枢神经就较少受到酒精的作用；若这两种酶含量降低，则使酒精不能被完全分解为水和二氧化碳，而得以继续留在体内，使人产生恶心欲吐、昏迷不适等醉酒症状。因此不善饮酒、酒量在合理标准以下的人，即属于乙醇脱氢酶或乙醛脱氢酶数量不足或完全缺乏的人。

酒精在人体内的代谢速率是有限度的，如果饮酒过量，酒精就会在体内，如肝脏和大脑中积蓄，积蓄至一定程度即出现酒精中毒症状。

【教学建议】教学过程中，教师可以通过资料卡片的方式让学生了解酒精在人体内转化的过程和实质，理解乙醇转化为乙醛、乙醛转化为乙酸进而转化为二氧化碳和水的过程的实质，诊断并发展学生分别从宏观、微观角度分析化学反应的能力水平，构建学习物质性质的"宏观辨识与微观探析"的思维方法。教学过程中，教师可以引导学生分析和思考酒精对人体健康和心理发育的危害，提醒学生要远离酒精、杜绝饮用酒精，要学会健康的生活方式，感受化学在生活中的价值和作用。

八、乙醇钠在药物合成中的应用

乙醇钠是一种有机化合物，化学式为C_2H_5ONa，为白色至微黄色吸湿性粉末，遇水迅速分解成氢氧化钠和乙醇，溶于无水乙醇，不溶于苯。工业上通常是将固体氢氧化钠溶于乙醇和纯苯溶液（或环己烷和乙醇溶液）、加热回流、连续反应脱水而制取，也可以由金属钠与无水乙醇作用蒸干乙醇制取。常见的强碱性催化剂、乙氧基化剂以及凝聚剂和还原剂，用于医药工业、农药、香料等的有机合成或者有机缩合反应，乙醇钠也是常用的分析试剂。

工业上存储或者运输乙醇钠时要避免与氧化剂、酸类接触，尤其要注意避免与水接触。

【教学建议】乙醇钠是中学化学中乙醇与金属钠反应时所得的产物，我们在教学过程中可以通过资料卡片给学生介绍乙醇钠的性质和用途，不仅可以拓展学生的知识视野，还可以让学生感受到乙醇钠作为一个化工产品的重要价值和作用。同时，教师可以引导学生以科普常识的视角通过网络、图书馆、化工厂等途径多方面了解乙醇钠，然后将所了解的结果以小论文的方式撰写出来，这样不仅可以进一步认识乙醇钠的性质和其在有机合成中的重要作用，还能调动学生学习的积极性，提升学生获取资料、整理资料的实践能力。

九、食物中的糖类、油脂、蛋白质在人体内的转化

食物中的糖主要是淀粉，另外包括一些双糖及单糖。多糖及双糖都必须经过酶催化水解成单糖后才能被吸收。食物中的淀粉经唾液中的淀粉酶作用，催化淀粉水解生成葡萄糖、麦芽糖、麦芽寡糖及糊精。由于食物在口腔中停留时间短，淀粉的主要消化部位在小肠。小肠中含有胰腺分泌的淀粉酶，催化淀粉水解成麦芽糖、麦芽三糖、糊精和含分支的异麦芽糖。在小肠黏膜刷状缘上含有糊精酶，糊精酶催化糊精水解生成葡萄糖；刷状缘上还有麦芽糖酶，可将麦芽三糖及麦芽糖水解为葡萄糖。小肠黏膜上还有蔗糖酶和乳糖酶，前者将蔗糖分解成葡萄糖和果糖，后者将乳糖分解成葡萄糖和半乳糖进而被吸收。葡萄糖通过有氧氧化为人体提供能量，人体内绝大多数组织细胞通过葡萄糖的有氧氧化获取能量。核糖、脱氧核糖会参与人体核酸的形成，这就转化成了人体的结构物质。另外，如果人体内的葡萄糖过剩，人体的机体组织也会把葡萄糖变成脂肪储存起来。

油脂从进入口腔便被口腔中分泌的少量的脂肪酶水解而被消化，油脂进入胃部以后，胃也开始分泌脂肪酶，能够将甘油三酯逐步裂解。当脂肪进入十二指肠时，脂肪已经被脂肪酶消化了20%~30%。油脂最重要的消化过程从小肠开始。进入小肠以后，胰腺开始分泌脂肪酶、胆囊分泌胆汁，肠道也开始分泌消化酶和各种消化液。胆汁的主要作用是乳化油脂，被乳化的油脂更容易被消化。油脂需要被消化成单个的脂肪酸，这样才利于肠道吸收，被肠细胞吸收的长链脂肪酸在乳糜微粒（脂蛋白）的作用下进入血液，胆固醇和脂溶性维生素等物质也在乳糜微粒（脂蛋白）的作用下进入血液。这些脂类在血液中被相应组织获得以后，剩下的乳糜微粒最后在肝脏被代谢、被分解。因此我们从食物中获得的油脂就被运输到身体的各个组织充当能源物质，一旦这些能源物质用不完，就会被储存起来转化为脂肪。

蛋白质的消化是从胃开始的。当蛋白质进入胃以后，在胃液的作用下进行初步消化，出了胃进入十二指肠的时候就变成了氨基酸以及各种长短不一的蛋白质片段的混合物。这些蛋白质小片段，小的由两三个氨基酸组成，多的可以达到几十个"多肽"小片段，这些混合物开始被吸收进入血液，同时小肠中的消化液进一步把这些多肽分解得更小，最后彻底转化为氨基酸。氨基酸被人体吸收，重新结合成人体所需要的各种蛋白质，一部分蛋白质和氨基酸在体内新陈代谢过程中会生成含氮的尿素等物质排出体外。

蛋白质在机体能量供应严重不足的情况下或病变情况下，可以氧化分解，转化为糖类和脂肪，蛋白质摄取过多也会转化为糖类和脂肪储存起来。

【教学建议】本部分内容研究的是与学生生活息息相关的食物在人体内的作用，所以学生有直接的生活体验甚至有自己的见解。教学过程中，教师可以通过展示相关的图片资料和数据，通过对资料和数据的分析，引导学生科学理解食品的成分，形成新的认知结构，知道人体所需的能量来源于食物中的有机物。同时可以结合本节所设的职业是营养师栏目内容展开教学过程，如引导学生学会生活中如何根据个人身体状况选择营养品、如何根据病患病情制定食谱、如何使运动员通过饮食补充能量等，都需要营养师。营养师做膳食搭配时，既要充分了解食物的化学成分，又要关注营养素对健康的影响，这需要具备坚实的有机化学基础。通过对糖类、蛋白质、油脂等人体所需的基本营养物质的学习，学生不仅掌握了它们的结构、组成、性质等，同时具备了一定的知识储备量和合成简单营养素的方法。通过创设与营养师职业相关的教学情境，容易激发学生对该职业的兴趣，初步建立职业导向。这样才能真正把课堂的时间和空间及学习、认知和习得的过程还给学生，从而培养学生的合作探究能力，提高学生的思维品质。

十、有机合成高分子材料的性能和用途

有机高分子材料又称聚合物或高聚物材料，如合成橡胶、合成树脂、合成纤维等非生物高聚物。聚合物的特点是种类多、密度小、比强度大，电绝缘性、耐腐蚀性好，加工容易，可满足多种特种材料用途的要求，可部分取代金属、非金属材料。在有机化学领域内，高分子合成材料的物理和化学性能都比较显著，能够强于传统高分子材料的性能。很多有机高分子合成材料普遍具有绿色环保特性，能够根据特定生产生活应用场景，呈现出无公害性质，提升聚合反应中能量转换的稳定性。

1. 工业和农业领域的应用

在工业机械以及农业机械领域内，有机化学的高分子合成材料应用非常广泛，能够有效提升零部件类产品的物化性能，保障各项工业农业生产活动的连贯性和安全稳定性。很多有机高分子合成材料的主链结构非常稳定，能够替代部分金属零部件和固定按钮等设施，还能够有效强化焊接作业质量，保障生产操作环境的安全性和可控性。在农业领域内，透光塑料薄膜在温室大棚和其他农业生产环境中的应用非常广泛，显著提升了农业生产和经济发展速度。在工业生产和农业生产环节中，很多有机高分子合成材料的环境适应能力比较强，还具备较强的抗性，大部分有机化学高分子材料的物化性质都比较稳定，透水性和透气性都比较显著，在工业和农业领域内的应用效果更加明显。

2. 电气工程领域的应用

在电气工程技术领域内，有机化学高分子材料的应用形式主要集中在导磁导电元件、感光树脂、有机玻璃等层面之上，部分复合型有机化学高分子合成材料的可塑性比较强，强度和韧性等指标非常贴近于行业技术标准。在众多电气工程项目中，有机化学高分子合成材料的理化性质非常稳定，普遍具有较强的耐腐蚀性和导磁导电性。部分高精密仪器设备中的有机化学高分子合成材料，其对电气工程建设活动产生了影响，通信领域内的电气系统设备应用质量更高。有机化学高分子材料的链式反应结果非常稳定，很多电气元器件的外观形态和规格尺寸能够满足较多工程建设需求。

3. 医疗卫生和军事领域的应用

有机化学高分子合成材料在医疗卫生和军事航空领域内的应用也非常广泛，例如人工器官、不饱和树脂、苯乙烯等新型合成材料，其内部聚合反应和主链结构都比较稳定，能够在高温高压环境下保持良好的理化性质。很多有机化学高分子合成材料能够在不同生产制作环境中保持较为稳定的物理化学性质，还具备较强的抗腐蚀性，相关产品也具备无公害性。改性以及复合型高分子合成材料，外观形态并不完全确定，但是对仪器设备和人类身体健康不会造成影响。但是在集中研发此类替代产品的过程中，需要对其融合性能进行重点评测，避免影响到有机化学高分子合成材料和产品的使用用途稳定性。在航天航空和军事领域内，很多高精密仪器设备和装置中的高分子合成材料应用比例普遍偏高，能够逐步提升国防技术的实际应用质量和作战效率。

4. 食品领域的应用

在食品领域内，有机化学高分子合成材料主要应用在食品包装相关层面之上，还能够进一步改善食品品质和色泽，但是不会产生食品安全类问题。在研发和应用有机化学高分子合成材料的过程中，需要对食品包装袋中的聚乳酸成分进行逐步分解，对其高温分解条件进行严格设定。在部分食品生产制作环节中，有机化学高分子材料的应用非常广泛，例如食品干燥剂以及其他延长保质期的有机化学高分子材料，能够协助食品生产和运输管理人员提升产品质量和运输效率。很多有机化学高分子合成材料的聚合反应和主链结构对生产制作环境比较敏感，但是也能够根据具体食品用途和储存环境条件选用复合型高分子材料，并在包装袋或者配料表详细阐述和说明。

【教学建议】化学来源于生活，化学也在不断地提高人们的生活质量。有机合成材料在人类社会进步中起着巨大的作用，但是不合理的使用也会给人类带来危害。所以我们要合理使用、科学使用合成材料。本节内容和日常生活联系紧密，也是培养学生关注社会和人类生存环境的重要载体，在教学中，教师不仅要引导学生辩证地看待有机合成材料在人类社会发展中的价值和作用，还要引导学生思考如何改进合成材料才能让材料更好地为人类发展服务，同时能够减少对环境的危害。

十一、水立方的外立面膜结构材料——ETFE膜

水立方全称为国家游泳中心，是2008年北京奥运会标志性建筑物之一。水立方的外立面膜结构使用的材料是ETFE膜，学名为乙烯-四氟乙烯共聚物，其化学式为$-[CH_2-CH_2-CF_2-CF_2]_n-$。

ETFE是一种无色透明的非织物类膜材，常做成气垫应用于膜结构中。ETFE膜的厚度小，质量轻，只有同等大小玻璃质量的1%；透光性特别好，号称"软玻璃"，主要体现在透光率较高，至少在90%以上，同时对于材料的透光率具有一定的可选择性和可控制性。可以选择让紫外线透过，以确保室内植物光合作用的进行，也可以通过在膜表面进行图案印刷来降低透光率，还可以在生产的时候制造出不同颜色的ETFE膜（如白、红、蓝、黑等），呈现出五彩缤纷的色彩，同时能达到减少透光率的作用。ETFE的韧性好，拉伸强度高，不易被撕裂，延展性大于350%；工作温度范围为150℃～200℃，熔点温度为275℃，抗紫外线和化学物质侵蚀能力强，具有很好的抗酸性、抗硫性，在各种气候环境下都可以使用。ETFE还具有极好的稳定性和气候适应性，表面非常光滑，自洁性好，具有高抗污、易清洗的特点。ETFE为阻燃材料，遇火只会融化，火势不会蔓延，所以是性能良好的防火材料。ETFE膜可100%回收再利用，低碳节能、绿色环保，多年来在许多工程中以其众多优点被证明为可信赖且经济实用的屋顶材料。

【教学建议】水立方的外立面膜结构材料是新型材料科技产品在现实中的具体应用，其中蕴含着极高的科技含量，乙烯-四氟乙烯共聚物是一种新型的高强度薄膜材料，在生活当中应用非常广泛，有很多膜结构工程已经广泛应用在各类建筑上。教学过程中，教师可以通过介绍其结构特点和优越的性能，引导学生了解科技产品为社会发展和人们的生活带来的便利，感受新型科技产品的魅力以及新型材料在改善人类的生存环境等方面起了巨大的作用，进而激发学生学习化学、研究化学、应用化学的兴趣。

十二、钢化玻璃等新型高分子材料

钢化玻璃是采用钢化方法对玻璃进行增强，在玻璃表面形成压应力，从而提高玻璃的承载能力，增强玻璃自身抗风压性、寒暑性、冲击性等。

钢化玻璃是将普通退火玻璃先切割成要求尺寸，然后加热到接近软化点的700℃左右，再进行快速均匀的冷却而得到的（通常5～6mm的玻璃在700℃高温下加热240秒左

右，降温150秒左右；8～10mm玻璃在700 ℃高温下加热500秒左右，降温300秒左右。即根据玻璃厚度不同，选择加热降温的时间也不同）。钢化处理后，玻璃表面形成均匀压应力，而内部则形成张应力，使玻璃的抗弯和抗冲击强度得以提高，其强度约是普通退火玻璃的四倍以上。已钢化处理好的钢化玻璃不能再作任何切割、磨削等加工或受破损，否则就会因破坏均匀压应力平衡而破碎。

钢化玻璃具有强度高、使用安全等特点。钢化玻璃的承载能力增大，改善了易碎性质，即使钢化玻璃破坏也呈无锐角的小碎片，对人体的伤害极大地降低了。钢化玻璃的耐急冷急热性质较之普通玻璃有3～5倍的提高，一般可承受250 ℃以上的温差变化，对防止热炸裂有明显的效果，故可为高层建筑提供合格材料。钢化玻璃按工艺可分为物理钢化玻璃和化学钢化玻璃。

物理钢化玻璃又称为淬火钢化玻璃。它是将普通平板玻璃在加热炉中加热到接近玻璃的软化温度（600℃）时，通过自身的形变消除内部应力，然后将玻璃移出加热炉，再用多头喷嘴将高压冷空气吹向玻璃的两面，使其迅速且均匀地冷却至室温，即可制得钢化玻璃。这种玻璃处于内部受拉、外部受压的应力状态，一旦局部发生破损，便会发生应力释放，玻璃被破碎成无数小块，这些小的碎片没有尖锐棱角，不易伤人。

化学钢化玻璃是通过改变玻璃表面的化学组成来提高玻璃强度的，一般是应用离子交换法，将含有碱金属离子的硅酸盐玻璃浸入熔融状态的锂（Li^+）盐中，使玻璃表层的Na^+或K^+与Li^+发生交换，表面形成Li^+交换层。由于Li^+的膨胀系数小于Na^+、K^+，从而在冷却过程中造成外层收缩较小而内层收缩较大，当冷却到常温后，玻璃便同样处于内层受拉、外层受压的状态，其效果类似于物理钢化玻璃。

钢化玻璃广泛应用于建筑业、家具制造业、家电制造业、电子仪表业、汽车制造业、日用制品、特种行业等。

【教学建议】钢化玻璃是通过改变玻璃的生产工艺或者化学组成，从而改善其性能的典型案例。在教学中，教师可以提供钢化玻璃生产过程的相关资料，引导学生认识到不同的生产工艺可以得到不同性能的产品，让学生感受生产工艺在改善工业产品性能中的重要作用，全面了解技术与产品性能的相互关系，进而拓宽学生的视野，改善学生的知识结构，培养学生的创新能力。

第五节　化学与社会发展

一、与化学有关的职业及其与化学科学领域的关系

与化学有关的职业包括药剂师、医生、稀贵金属冶炼人员、地质人员、环境分析员、营养专家、化学教师、考古人员、化学工程师、石油工人、卫生防疫、食品质检、建筑材料研发、生物制药、陶瓷制作、食品科学家、农业化学家、护士、化学实验室管理员等。

1. 药剂师、医生

药剂师是负责提供药物知识的专业人员。药剂师负责监察医生所开处方的数种药物中有否出现药物相互作用，并根据病人的病历、医生的诊断，为病人建议最适合他们的药物剂型（如药水、药丸等）、剂量（如老人、肝病或肾病患者或需根据病情）。化学与医学具有互通性，医学的研究本体是人体，人体体内各种化学反应每时每刻都在发生。当人体体内化学平衡被打破时，往往是由于身体本身某方面出现了不协调，也就是人体出现了某些疾病。医学和化学不仅相通，而且对科技水平、研究条件以及研究结果的精确度的要求都相当高。化学与医药也有着密切的关系。药学研究其实就是一门采用多种科学手段，主要以化学科学为主的研究，即以化学知识对药物进行系统的研究。药物化学有助于完全了解药物的结构、性质以及合成方法，从而更好地制造高质量的药物。同时，药学研究需要使用大量的化学分析方法，如光谱分析、表面增强拉曼光谱、核磁共振，以及活性分子物理等。这些方法可以用来定量分析和判断药物的组成成分和结构，甚至可以应用于药物的开发、生产以及质量控制。药学中的每一个领域，如新药开发、药物研究、药物化学分析以及药物分析，都需要依赖化学知识的支持。此外，不同的药物种类，其分子结构、作用特性等也需要不同的化学使用和分析来更精确地分析和实现药物的开发和生产。因此可以看出，化学与药学之间有着密不可分的关系，它们两个学科的结合推动了药物的研究和制造，也提高了药品质量，促进了药学这门学科的发展。

2. 稀贵金属冶炼人员

冶金就是从矿石中提取金属或金属化合物,用各种加工方法将金属制成具有一定性能的金属材料的过程和工艺。稀贵金属冶炼人员就是运用火法和湿法工艺对稀贵金属物料进行冶炼、提取、加工制成稀贵金属的人员。冶金在我国具有悠久的发展历史,从石器时代到随后的青铜器时代,再到近代钢铁冶炼的大规模发展,人类发展的历史就融合了冶金的发展。冶金的技术主要包括火法冶金、湿法冶金以及电冶金。随着物理化学在冶金中成功应用,冶金从工艺走向科学,其中大部分学科知识和工艺技术与化学有关。

3. 地质人员

地质人员主要是利用地质方法、物理方法、化学方法以及地质遥感卫星等技术,分析当地的地层、构造、岩浆岩、元素富集异常性等,在一定的地层中找到具有一定工业价值的金属矿、非金属矿、能源矿等;对于矿产普查中发现有工业意义的矿床,查明矿产的质和量,以及开采利用的技术条件,供给矿山建设设计所需要的矿产储量和地质资料。

4. 环境分析员

环境分析员具体负责环境样品(土壤、水、气),职业卫生相关的分析检测工作,按作业指导书中的操作规范及质控要求进行样品分析;对检测原始记录进行分析和审核,对各类分析仪器及设备的使用和维护;实验室检测岗位包含有机分析、无机分析、金属分析、微生物分析,职业卫生领域等。

5. 营养专家

营养专家综合了厨师、保健师、医务、中医、心理师、营销员、管理员等职业的特点于一身,是比较综合的职业。他们不但是食物的专家,更是营养检测、营养强化、营养评估等领域的专家,帮助人们获取健康的饮食,其职业要求就是专心、专业服务于健康。随着人们生活水平的不断提高,营养而健康的生活方式越来越受到人们的重视,从事营养工作成为一个新兴的热门职业。营养师作为饮食健康、营养缺乏病预防和疾病营养治疗方面的专家,他们在家庭、医院、学校、保健中心、食品企业等机构,进行制定饮食营养指南、设计和制作治疗和保健食谱、食品开发等工作,在促进人群健康和疾病早日康复方面,发挥了很重要的作用。

6. 考古人员

考古学家是专门从事挖掘古迹、古生物化石等一些与地层有关或是与古代历史文化有关的人士,是运用考古学知识进行研究的专业人员。考古人员与只研究历史记载、历史文物的历史学家不同,他们通过研究远古生物的遗留物、现存可能的史前地貌、自然演变结果等对没有历史记载的史前文化也进行研究，致力于探索地球生物，尤其是人类文化的起源，并以此对地球状况的发展方向和现存人类的发展方向作出合理的预测。

7. 石油工人

石油工人是指在石油、天然气等现代能源生产中进行钻井作业、加工作业的人员。不仅石油、天然气的开采需要化学知识，石油炼制过程中也需要一定的化学知识。

8. 卫生防疫

卫生防疫主要是食品卫生及预防疾病，包含疾病预防控制、卫生监督检测、预防技术咨询与服务、基层防疫人员培训和卫生健康教育的业务技术指导、流行病防治、计划免疫、消杀灭、地慢病防治、结核病防治、性病防治、寄生虫病防治、食品卫生、环境卫生、劳动卫生、放射卫生、学校卫生、健康教育、卫生检验、预防医学等内容的统称。

9. 食品质检

食品质检是指对食品质量的检验。是依据物理、化学、生物化学的一些基本理论和各种技术，按照制订的技术标准，如国际、国家食品卫生/安全标准，对食品原料、辅助材料、半成品、成品及副产品的质量进行检验，以确保产品质量合格。食品检验的内容包括对食品的感官检测，食品中营养成分、添加剂、有害物质的检测等。

10. 建筑材料研发

实现建筑材料可持续发展，从产品设计、原材料替代、工艺改进入手，通过提高技术水平、提高资源和能源的综合利用率，保护环境、减少污染来获得可持续发展，开发利用绿色建材技术，研究开发和使用具有节能、环保、健康、安全和废弃物再利用等特点的绿色建材产品。

11. 生物制药

生物制药是指运用微生物学、生物学、医学、生物化学等的研究成果，从生物体、生物组织、细胞、器官、体液等，综合利用微生物学、化学、生物化学、生物技术、药学等科学的原理和方法制造的一类用于预防、治疗和诊断的制品。随着人们对健康的不断追求，生物药物的发展很快。全世界的医药品已有一半是生物合成的，特别是合成分子结构复杂的药物时，它不仅比化学合成法简便，而且有更高的经济效益。

12. 陶瓷制作

陶瓷是我国的一种工艺美术品，远在新石器时代，我国已有风格粗犷、朴实的彩陶和黑陶。陶与瓷的质地不同，性质各异。陶是以黏性较高、可塑性较强的黏土为主要原料制成的，不透明、有细微气孔和微弱的吸水性，击之声浊。瓷是以黏土、长石和石英制成，半透明，不吸水、抗腐蚀，胎质坚硬紧密，叩之声脆。我国传统的陶瓷工艺美术品质高形美，具有高度的艺术价值，闻名于世界。在现代陶艺的制作中，原料的取材是不拘一格的。与多种材料的结合、并用、渗透，产生了相得益彰的艺术效果，使现代陶艺既有丰富的表现性又有充分的协调性，表面装饰和空间处理也登上一个更高的层次。现代陶艺注重质地性能，不讲究是粗糙还是精细的原料，取材也不再仅限于瓷泥和陶泥，而是有意突破传统陶艺原料的使用范围，利用泥料的不同特性发挥各种材质的潜在美感，只要能经窑烧的泥、沙等材料都可用来为之服务。

13. 食品科学家

食品科学家是采用新技术、新工艺，利用化学、微生物学、工程及其他科学的知识和技能来生产更多满足人们需求的食品、保健品的专业技术人员。他们通过研究食品加工和变质的基本原理，分析食物成分，确定食品中营养物质的含量，发现和研制新的食物来源；研究使加工食品安全、美味，健康的方法，应用食品科学知识来确定食品处理、包装、保存、储存和分发的最好方式，来满足人们对食品的安全与卫生、营养与健康、花式与品种的需求。

14. 农业化学家

农业化学家是研究把微生物化学应用到农业领域去的专业人员。以前人们都把粪肥当作主要肥料，粮食增产有限，难以满足人们对食物的需要。德国科学家李比希发现植物所需的化学养分，化学家才开始研究化学肥料。有了化肥，农业产量因此大增，从此人类才基本解决了饥荒问题。现代农业化学专业人员研究的主要任务就是提高作物产量、品质和土壤肥力，他们通过研究植物营养与合理施肥的问题，认识到提供植物必需营养元素或兼有改变土壤性质、提高土壤肥力功能的物质是提高农业生产的物质基础之一。

15. 护士

护士是具有执业证书、依照规定从事护理活动、履行保护人类生命、减轻病员痛苦、增进健康职责的卫生专业技术人员。护士学好化学这门课程非常重要，在护士实际工作中，经常要查看药物配伍表，只有学好化学知识才能对药物配伍表增强理解和记忆，方便工作中正确执行医嘱，及时发现医嘱和处方中药物配伍存在的禁忌，为临床用药安全起到重要的作用。

【教学建议】新教材增设的"化学与职业"栏目对普通高中生职业观的培养非常有帮助。新高考也对普通高中学生的职业素养提出一定要求，新高考方案给予普通高中生充分的职业选择权。而普通高中学生普遍缺乏化学职业选择意识和能力，所以教师在教学中过程中要有意识地引导学生选择适合自己的科目，即加强对学生职业观的渗透不仅是非常必要的，而且已经成为课堂教学不可或缺的内容。为了强化对学生的职业观教育，新教材通过"化学与职业"栏目介绍化学职业的工作内容、必要条件和就业方向等，首次将职业观渗透与化学教学融为一体，这不仅有利于提高教师在教学中渗透职业观的意识，同时还能引导学生建立起更清晰的自我认知，在学习中不断优化自己的职业选择。在教学中，学生在掌握化学知识和提升能力的基础上，学习相关栏目的内容，不断激发职业认同感和兴趣。学生对栏目中介绍的职业有了全面认识后，自然会自觉反思知识和能力是否有欠缺，从而查漏补缺，不断充盈知识体系并提升化学技能。因此，挖掘"化学与职业"栏目的教学价值，将其教学要求和章节内容相互融合，互相作用，利用好该栏目进行化学教学和职业观渗透，可促进学生化学学科核心素养的全面发展。

二、人工合成牛胰岛素

从1958年开始，中国科学院上海生物化学研究所、中国科学院上海有机化学研究所和北京大学化学系三个单位联合，在前人对胰岛素结构和肽链合成方法研究的基础上，开始探索用化学方法合成胰岛素。为了摸索合成路线，生化所兵分五路，根据专家特长分别做有机合成、天然胰岛素拆合、肽库及分离分析、酶激活和转肽研究。经过实践，后三条路线被否定，大家再集中于一、二两条路线和分离分析工作。仅仅用了一年时间，他们就将天然胰岛素拆合成功，将胰岛素B链的所有30个氨基酸残基分别连接成了各种合成肽，最长已达到由10个氨基酸残基组成的长度。更重要的是，他们还确定了全合成胰岛素的研究策略，即采用先分别合成A、B两个肽链，然后进行组合合成的路线。经过6年多的艰苦工作，中国科学院生物化学研究所等单位终于成功地实现了结晶牛胰岛素的人工合成，这是当时人工合成的具有生物活性的最大的天然有机化合物。这也是世界上第一次人工合成与天然胰岛素分子相同化学结构并具有完整生物活性的蛋白质，标志着人类在揭示生命本质的征途上实现了里程碑式的飞跃，被誉为我国"前沿研究的典范"。人工牛胰岛素的合成，标志着人类在认识生命、探索生命奥秘的征途中迈出了关键性的一步，在中国生物化学发展史和科学技术史上具有巨大的意义和影响。

【教学建议】人工合成牛胰岛素是我国科技界的一个重大突破，更是感受科学家团队合作、探索、创新、坚持不懈、不怕失败、无私和谦让的科学工作态度和精神的最佳载体，更有利于落实"自主、探究、合作"的学习理念，使学生真正成为学习的主体。教学过程中，教师可以通过资料卡片的方式展示牛胰岛素合成过程中科学家遇到的困难和协作解决困难的过程，通过他们对设计研究方案、检验研究方案、调整研究方案的科学探索过程，使学生感悟科学探究过程中的思维方法和科学态度，感受科学技术在人类社会发展中的重要价值和作用。

三、功能高分子材料分类及应用

功能高分子材料源于20世纪60年代末期，通过在高分子上修饰反应基团，使其具有化学反应活性、催化活性、导电性及生物相容性等特殊功能。和传统高分子材料相比，功能高分子材料不仅具备理化特性，还因经修饰的特殊基团而具有其他特殊性能，因此功能高分子材料是材料研究和发展的方向。

1. 反应型功能高分子材料

通过将反应活性中心或催化性中心接到高分子链上，达到将小分子试剂或催化剂高分子化的目的，主要包括高分子催化剂和高分子试剂等。反应型功能高分子材料主要应用于化学合成和化学反应，特点是具有高反应活性、高选择性和专一性。

2. 光功能高分子材料

光功能高分子材料具有将光吸收、存储和转换的能力，主要包括光敏涂料、荧光剂、光转化材料、光致变色材料和光导材料等。光功能高分子材料由于功能较多，在生产生活中应用广泛。因此，光功能高分子材料近年来逐渐朝着多功能化方向发展，电磁材料、导电材料、光热材料等相继出现。光功能高分子材料只有交联光和分解光的功能，在受到物理作用和化学作用的情况下，会表现出与光相同的特性，如光稳定剂、光敏涂料、荧光剂、光转化材料、光致变色材料和光导材料，主要应用于光导纤维、太阳能、集成电路和光电池等，在电子工业领域以及太阳能的开发利用等方面得到了广泛的应用。

3. 电功能高分子材料

电功能高分子材料主要依靠自身提供的导电载流子导电或者通过添加炭黑、金属粉、箔等实现导电，主要包括聚乙炔、线型聚苯以及各类导电塑料、橡胶、涂料和薄膜等。电功能高分子材料被广泛用于生产特殊用途的电池，例如电子器件和敏感器件等。

4. 生物医用功能高分子材料

生物医用功能高分子材料主要用于诊疗疾病，还可以充当生物体组织器官的替代品或者起到辅助作用的材料，主要应用于人工器官、药物释放、生物组织工程等领域。生物医用功能高分子材料在生物体出现生理系统疾病时，可以对疾病起到诊断和治疗的作用，有效促进生物体功能的恢复，不仅能对局部组织和器官起到再生作用，还能减轻痛苦、延长病人寿命，提高病人的生活质量。

5. 环境降解功能高分子材料

环境降解功能高分子材料指通过一定手段可以降解的高分子材料，被广泛应用于生物工程和医用降解高分子材料等学科领域。近年来，高分子材料的发展非常迅速，应用也日益广泛，但在自然环境中很难分解，造成了大量白色污染。因此，发展可降解高分子材料成为必然趋势。环境降解功能高分子材料在食品包装盒、医药领域的应用潜力巨大。

6. 形状记忆功能高分子材料

形状记忆功能高分子材料是指改变并固定形状后，通过改变外界条件（温度、pH、电场力等）能恢复初始形状的材料，主要有热感、电感、光感和化学感应型，被广泛应用于包装、建筑等行业。

7. 吸附分离功能高分子材料

吸附分离功能高分子材料是具有吸附功能的高分子材料，主要有离子交换树脂、吸附树脂等。形状记忆功能高分子材料具有质量小、形变量大、成型容易等优点，被用于医疗、包装、建筑等领域。离子交换树脂作为代表，在化学工程、环境工程中是常用的吸附分离材料。高吸水性树脂还能吸收大量的水，可用作农业、园林、苗木移植用保水剂。

8. 液晶功能高分子材料

液晶功能高分子材料主要来自纤维基体和树脂基体的宏观复合，液晶高分子材料强度较高、热胀系数较小、电光学性质较好，主要用于制作液晶显示、复合材料，在电子工业有广泛的应用。得益于电器行业的迅猛发展，液晶功能高分子材料近年来发展势头迅猛，远超通信业、工业及运输业，主要用于制作光缆结构件、机械手、复合材料、功能件、泵/阀门组件、接插件、继电器、模塑印刷电路板等，显著促进了液晶功能高分子材料及其他高新科技的发展。导热功能高分子材料应用广泛，在航空航天、日化领域均有涉及。

9. 导热功能高分子材料

导热功能高分子材料是指具有良好导热性能的高分子材料，主要有高导热绝缘胶黏剂等。在生物医用中，功能高分子材料（如反应型、生物医用和环境降解型功能高分子材料）的应用较为广泛，包括人工器官、药物释放、生物组织工程等领域。生物相容性较好的功能高分子材料在器官移植领域贡献突出，如我国自主研发的高分子材料髋关节，排异反应小、相容性好，病患受益显著。生物医用中较为常见的还有医用塑料等，在医疗器械中作为原材料的占比超过15%。

【教学建议】材料对人类社会的发展贡献巨大，是人类赖以生存和发展的重要物质基础。材料的发明和开发使用极大地推动着人类社会的进步，是人类社会文明的重要标志之一。教学过程中，教师可利用网络资源，引导学生从历史的角度体会化学材料的发展是化学科学发展的一个缩影，通过对不同时期化学材料发展过程的了解，使学生对化学科学发展的进程有所认识。结合教材中介绍的新型功能高分子材料——高吸水性树脂和一些复合材料，可通过适当的补充，拓展学生的视野，丰富学生对高分子材料的认知结构，通过展示课前收集的多方面素材，介绍各种高分子材料，使他们能够对所学内容有一个整体而全面的感识，也可以引导学生从身边熟悉的事物入手，将学生分成若干组，通过设置问题情境，引导学生通过观察、参观、收集、阅读、讨论、角色扮演、实验等活动，突出学生自主实践活动，撰写有关高分子材料的论文。也可以通过观看功能高分子材料的科普讲座视频等途径让学生认识高分子材料的发展前景，让学生认识到开发功能高分子的新型结构及合成方法的研究方向，人们会研制出具有更多功能的新兴功能高分子，拓宽功能高分子材料的应用领域，感悟科技的进步对人类社会发展的促进作用。

四、保水材料在沙漠治理中的应用

保水材料是一种新型的高分子功能材料，是一种人工合成的具有超强吸水、保水能力的高分子聚合物，在沙漠治理中具有广泛的应用，在防止沙漠化等方面具有广阔的应用前景。该高分子功能材料通过自身的作用机制和保水特性，同时可以反复吸水、保水，可快速地吸收自身质量几百倍甚至几千倍的水分，可以供沙漠作物缓慢地使用。

保水材料是高分子电解质分子链在水中酰胺基或羧基团同性相斥使分子链扩张力和由于交联点的限制分子链的扩张力而相互作用而成的。常见的保水材料是聚丙烯酰胺，该化合物中含有大量酰胺和羧基亲水基团，利用树脂内部离子和基团与水溶液相关成分的浓度之差产生的渗透压及高分子电解质与水的亲和力而可大量吸水直至浓度差消失为止。聚丙烯酰胺控制保水剂达到令人满意吸水程度的是橡胶弹力，分子结构交联度越高，橡胶弹力越强，而橡胶弹力和吸水力的平衡点即是其表观吸水能力。由于分子结构交联，分子网络所吸水分不能用一般物理方法挤出而起到保水作用。同样，组成的聚合物交联度越低，吸水倍率相对越高，其保水性、稳定性和凝强度就越低；反之亦然。聚丙烯酰胺的表观倍率并不高，吸水速率也依粒径不同差别很大，凝强度高的保水剂吸水后有一定形状，不易解体，利于土壤透气，吸放水可逆性好。因为保水剂一般掺入地下5～15厘米，故国际上现在更强调加压下的吸水倍率。依粒径不同，聚丙烯酰胺型吸纯水倍率为150～300。

聚丙烯酸钠为白色或浅灰色颗粒状晶体，主要成分有聚丙烯酸钠、水、交联剂。我国国内生产的保水剂大多是这种成分的产品。其主要特点是吸水倍率高，吸水速度快，但保水性能只能保持2年有效。根据试验观测，这类产品的吸水能力和吸水速率明显高于聚丙烯酰胺产品，在土壤中如遇充分给水，0.5～1.0小时后便迅速吸收自重130～140倍的水分，但第二年的吸水倍率要降低约60%左右。由于聚丙烯酸钠会造成土壤中钠离子含量的递增，林业和农业用保水剂的生产厂家大多改为生产聚丙烯酸钾或聚丙烯酸铵。

淀粉接枝丙烯酸盐为白色或淡黄色颗粒状晶体，主要成分为淀粉、丙烯酸盐、水、交联剂。这种产品在用于造林地蓄水保墒时，使用寿命一般只能维持1年多的时间，但吸水倍率和吸水速度等性状极佳。根据吸水对比试验，该类保水剂在遇水后的15～20分钟内即可吸收自重150～160倍的水分。

【教学建议】保水材料是一种新型的高分子功能材料，是兼具保水性能与固沙性能双重功效的新型环保材料。它在固定流沙的同时能有效保持水分，适宜植物生长，提高植物存活率，最终达到完全依靠植物根系来固定流沙的目的，是一种从根本上治理严重沙漠化现象的绿色环保新型材料。教学过程中，教师可以结合我国沙漠对人类生存的危害，引导学生思考如何通过高科技手段治理沙漠，进而以有机化学中所学习的亲水基团作为切入点，然后通过阅读材料，了解到人们为了研制具有超强吸水、保水能力的高分子聚合物的艰辛过程，体会到科技发展为人类生态安全、保护环境所发挥的重要作用。同时还可以引导学生思考如何开发性能更加优良的保水材料的研究热点和研究方向，进而激发学生的创新思维能力，促进学生核心素养的不断发展。

五、从沙子到单晶硅

沙子的主要成分就是二氧化硅。人们将沙子与焦炭、煤炭或木屑等进行混合，并将混合物放入石墨电弧炉中进行高温加热，在高于1900℃的温度下，通过各种化学反应将石英砂还原成粗硅。这样所制得的硅的纯度最高只能达到98%，需要进一步提纯。在提纯工艺中，最常用的方法之一就是对粗硅经过氯化处理，从而形成诸如四氯化硅（$SiCl_4$）或三氯氢硅（$SiHCl_3$）等的氯化物，四氯化硅或三氯氢硅通过多重蒸馏和其他液体提纯后，可得到超纯度的氯化物溶液。最后，通过化学方法对高纯度的氯化物进行还原，就能够得到纯度在99.9999999%以上的芯片级多晶硅。

用于制造芯片的硅必须是单晶硅。单晶硅的晶体框架结构是均匀的，硅原子排列有序，而多晶硅的硅原子排列则是无序的。如何将多晶硅变成单晶硅呢？这就需要特殊的工艺。最常用的工艺是直拉法。直拉法指的是将硅从"岩浆"中直接拉出硅棒，它是硅片制作最核心的工艺步骤，决定着硅片的质量和纯度。直拉法的第一步，把超高纯度的多晶硅材料放在坩埚中，在一个封闭的热场内加热到1420℃，将多晶硅熔化。第二步，放入"晶种"。所谓晶种，是一小块的高纯度单晶硅。第三步，将晶种缓慢地垂直拉出"岩浆"并旋转，晶体会在晶种下端生长，并随着晶种的提拉逐渐长大，形成一根晶棒。生长的晶体和晶种的性质一样，均为单晶硅。由于直拉出来的硅棒并不是完美的圆柱体，因此剩余的硅棒会被切成合适的大小，放入机器中慢慢滚动打磨侧面，以形成所需要的半径和形状。然后再将磨好的硅棒使用金刚线的多线切割机，像切香肠一样，把硅锭横向切成一片一片的圆片。这些圆片再经过打磨就形成了晶圆。

【教学建议】新课程强调要引导学生将深度学习方式从"解题"向"解决实际问题"的方向转化，新课标也要求能从元素价态的角度、依据氧化还原反应原理预测"物质的化学性质和设计实验进行初步验证，并能分析、解释有关实验现象"。在教学中，教师可以引导学生通过对SiO_2中Si元素的价态分析认识到二氧化硅的氧化性，从而可以选择还原剂还原SiO_2来制取Si，实现沙子到单晶硅的转化。教师可以创设问题情境引导学生探寻到更多的还原剂，如H_2、活泼金属单质等，然后引导学生通过查阅相关教材或者文献来证实或者证伪自己的假设，此举不仅可以激发学生的求知欲，也让学生能够通过该探究过程掌握基本的科学研究方法，形成严谨的科学态度。同时新课标强调，在教学过程中要注重知识的实际应用，要求学生"能说明常见元素及其化合物的应用价值"，所以可以通过资料卡片的方式展示粗硅如何转化为高纯度的芯片级多晶硅、芯片级多晶硅又是如何转化为原子排列有序的单晶硅，最后又是如何被切割成晶圆（芯片），让学生体会到看似不起眼的硅片，其生产过程存在非常复杂的制造工艺，进而激发学生努力学习科学知识、献身科技事业的决心和信心。

六、海水淡化

海水淡化是从海水中提取盐。海水淡化即利用海水脱盐取得淡水的过程，是实现水资源利用的重要技术之一，可以增加淡水总量，且不受时空和气候影响，可以保障沿海居民饮用水和工业锅炉补水等稳定供水。现代海水淡化厂采用一种称为反渗透的方法，该方法使用膜来分离盐。但海水淡化厂建设成本高，需要大量能源才能运行，即海水淡化只适用于富裕地区的海滨城市，对供水问题最严重的贫困地区而言价值有限。因此，降低成本的新技术是海水淡化的发展方向。如纳米渗透方法，就是通过微小的碳管的过滤作用而使盐与水分离。研究表明，过滤时，纳米管的尺寸在纳米尺度上才具有优异的过滤能力。其他的海水淡化方法还有反渗透法、多级闪蒸、电渗析法、压汽蒸馏、露点蒸发法、水电联产、热膜联产以及利用核能、太阳能、风能、潮汐能海水淡化技术等，以及微滤、超滤、纳滤等多项预处理和后处理工艺等。

【教学建议】海水淡化不仅可让学生认识和感受化学知识在开发利用自然资源方面的重要作用以及化学研究和应用在科技进步中的价值，而且对于学生总结复习已学习过的知识十分重要。教学过程中，教师要引导学生从化学学科的视角认识海水资源的开发利用，将之前所学知识复习、梳理、归纳和拓展，同时要引导学生从科学、技术和社会相互作用背景的视角加深体会应用化学知识可开发海水资源，为人类生存和社会发展提供必要的物质和能源基础，同时学会辩证地看待人类和自然协调发展中可能会遇到的问题，建立可持续发展和绿色化学观念，形成珍惜资源、保护资源及合理开发自然资源的思维意识。

七、太阳能分解水制氢气（用二氧化钛催化剂）

随着经济的发展，能源危机日趋严重：石化能源的消耗，空气、水资源的污染等已经成为可持续发展的瓶颈。同时，以煤、石油、天然气为主的化石资源的燃烧释放大量的 CO_2、SO_2 等有害气体，导致了诸多的环境污染问题。因此，为了实现人类的可持续发展，开发清洁的可再生能源已迫在眉睫。而氢作为一种无污染高热量的能源，同时地球上水资源丰富，太阳能是一种取之不尽、用之不竭的自然资源，利用太阳能制氢是一种具有广阔前景的技术，研究开发出光解水的催化剂正是该种技术的核心，以二氧化钛为代表的催化剂利用太阳能制取氢气的技术已经比较成熟。TiO_2 光解水制氢是将 TiO_2 催化剂微粒直接悬浮在水中进行光解水反应。TiO_2 可以在一定的光照条件下催化分解水从而产生氢气，其光催化在原理上类似于光电化学电池。每一个细小的 TiO_2 颗粒可以看作是一个微电极悬浮在水中，它们如同光阳极一样起作用，所不同的是光阳极和阴极没有像光化学电池那样被隔开，甚至阴极也被设想是在同一粒子上，水分解成氢气和氧气的反应同时发生。和光电化学池相比，TiO_2 光催化分解水放氢的反应体系大大简化，由于半导体催化制氢阳极和阴极距离比较近，通过光激发在同一个半导体微粒上产生的电子-空穴对极易复合，这样不但降低了光催化转换效率且使氢、氧复合，影响光解水放氢、放氧。所以现在很多科研人员研究新型的催化剂或者改良原有半导体的内部性能，以提高光量子利用效率及减少电子-空穴复合效率以提高放氢的量。TiO_2 光催化分解水放氢的反应简单，废水中许多有机物是良好的电子给体，如果把废水处理与光催化制氢结合起来，可同时实现太阳能制氢和太阳能去污。

【教学建议】为缓解当前能源紧张的问题，各国都在加大开发力度，研制、开发新型、高效、清洁能源。通过研制高效的催化剂，利用太阳能分解水制氢气是人们研究的热点之一。教学过程中，教师除了要引导学生认识到探索新能源的重要性，还要引导学生通过查阅资料了解能源与人类生存和发展的关系，了解化学在解决能源危机中的重要作用，进而认识到人类利用太阳能、氢能的意义和人类面临的能源危机以及未来新能源的研发方向。氢能作为一种新能源能够调整和优化能源结构，降低燃煤在能源结构中的比率，节约油、气资源，所以需要不断探索氢能的开发和利用技术，引导学生体会科学技术的不断发展在开发新能源、改善人类能源结构、实现人类社会可持续发展方面的重要作用。

八、燃料电池

燃料电池是一种把燃料所具有的化学能直接转换成电能的化学装置。燃料电池是继水力发电、热能发电和原子能发电之后的第四种发电技术。由于燃料电池是通过电化学反应把燃料的化学能中的吉布斯自由能部分转换成电能，因而实际过程是氧化还原反应。燃料电池主要由四部分组成，即正极、负极、电解质和外部电路。燃料气和氧化气分别由燃料电池的正极和负极通入，燃料气在正极上放出电子，电子经外电路传导到负极并与氧化气结合生成离子。离子在电场作用下，通过电解质迁移到正极上，与燃料气反应，构成回路，产生电流。同时，由于本身的电化学反应和电池的内阻，燃料电池还会产生一定的热量。电池的正、负两极除传导电子外，也作为氧化还原反应的催化剂。当燃料为碳氢化合物时，正极要求有更高的催化活性。负、正两极通常为多孔结构，以便于反应气体的通入和产物排出。电解质起传递离子和分离燃料气、氧化气的作用。为阻挡两种气体混合导致电池内短路，电解质通常为致密结构。由于燃料和氧化剂由外部供给，原则上只要反应物不断输入，反应产物不断排除，燃料电池就能连续地发电。

燃料电池理论上的发电效率可达到85%～90%，但由于工作时各种极化的限制，目前燃料电池的能量转化效率约为40%～60%。若实现热电联供，燃料的总利用率可高达80%以上，所以燃料电池的发电效率较高。燃料电池以天然气等富氢气体为燃料时，二氧化碳的排放量比热机过程减少40%以上，这对缓解地球的温室效应是十分重要的。另外，由于燃料电池的燃料气在反应前必须脱硫，而且按电化学原理发电，没有高温燃烧过程，因此几乎不排放氮和硫的氧化物，减轻了对大气的污染，所以燃料电池对环境污染小。液氢燃料电池的比能量是镍镉电池的800倍，直接甲醇燃料电池的比能量比锂离子电池（能量密度最高的充电电池）高10倍以上。目前，燃料电池的实际比能量尽管只有理论值的10%，但仍比一般电池的实际比能量高很多。对于燃料电池而言，只要含有氢原子的物质都可以作为燃料，如天然气、石油、煤炭等化石产物以及酒精、甲醇等，因此燃料电池非常符合能源多样化的需求。当燃料电池的负载有变动时，它会很快响应。无论处于额定功率以上过载运行或低于额定功率运行，它都能承受且效率变化不大。由于燃料电池的运行高度可靠，故可作为各种应急电源和不间断电源使用。燃料电池具有组装式结构，安装维修方便，不需要很多辅助设施。燃料电池电站的设计和制造也很方便。

【教学建议】燃料电池是一种实用性很强的发电技术。教学过程中，该部分内容不仅可以使原有原电池的相关知识得到拓展，还能使学生紧跟当今科技发展的步伐，感受化学的价值和科学技术的魅力，激发学生对化学科学的学习兴趣。在教学中，教师可以设计氢氧燃料电池的实验，通过对氢氧燃料电池工作原理的探究，使学生在自主获取知识、知识迁移、探索知识的形成过程等方面更为主动。教学内容的设计既要突出原电池知识的系统性与科学性，又要培养学生的观察和操作能力以及创新思维能力，同时要引导学生认识到由于人类对能源的使用导致的环境问题已经是全世界关注的焦点。如果能把燃料直接转化为电能，不仅大大提高了能量利用效率，同时由于反应条件相对温和且可控性强，还可大大降低污染物的产生，电动车的续航和充电问题也得以解决，这也是未来电池发展的方向和研究的热点，这样就可以激发学生不断探索和思考，为解决相关的难题而努力学习化学知识。

九、大气中的VOC（挥发性有机物）的成分与来源

VOC是挥发性有机化合物的英文缩写。普通意义上的VOC就是指挥发性有机物，但是环保意义上的VOC是指一类活泼的挥发性有机物，即会产生危害的那一类挥发性有机物。VOC的主要成分有烃类、卤代烃、氧烃和氮烃，包括苯系物、有机氯化物、氟利昂系列、有机酮、胺、醇、醚、酯、酸和石油烃化合物等。

室外VOC主要来自燃料燃烧和交通运输，家庭装饰装修过程中使用的涂料是室内VOC的主要来源之一。常见的室内挥发性有机化合物来源有装修建材、地毯、打印机、家具、涂料稀释剂、胶水、化妆品和某些喷雾剂，以及塑料制品。科学研究发现，如果没有足够的通风设备使空气流通，并且VOC存在于室内，那么室内空气污染程度将会比室外空气严重10倍之多。当居室中的VOC达到一定浓度时，短时间内人们会感到头痛、恶心、呕吐、乏力等，严重时会出现抽搐、昏迷，并会伤害到人的肝脏、肾脏、大脑和神经系统，造成记忆力减退等严重后果。

鉴于VOC的高挥发性，在选用VOC含量低的优质墙面漆的同时，还应将新装修的房

子空置一段时间保持通风，减少VOC在空气中的残存量，从而保护自己及家人的健康。

【教学建议】大气中的VOC（挥发性有机物）是人类健康的杀手之一，是人们容易忽视的污染物。在教学过程中，教师通过展示相关的资料素材，不仅要让学生知道VOC的主要成分和来源，学会科学合理规避VOC，减少VOC造成的危害，同时还要引导学生从化学的视角思考如何开发能减少VOC释放的装修材料，用科学的方法解决生产生活中遇到的实际问题，感受化学在生活中的价值和作用。

十、煤和石油的脱硝脱硫

随着社会经济与科技的不断发展，煤、石油等化石燃料作为燃料能源的主要来源，其燃烧产生的含硫气体与氮氧化物等污染问题是大气污染的重要问题。含硫气体与氮氧化物都是具有刺激性的有害污染物，对人体的呼吸道和神经系统会产生较大的刺激，同时还会诱发心脏病甚至癌症的发生，并且酸雨、城市烟雾都与硫化物和氮氧化物的存在有着重大的关系。随着人们环保理念的不断发展，烟气脱硫及脱硝除尘技术的研究与开发就显得尤为重要，也是煤和石油行业可持续发展的关键因素。

1. 脱硫技术

烟气脱硫技术就是利用二氧化硫的酸性性质，使用碱性物质吸收烟气中的二氧化硫，从而达到烟气脱硫的目的。

（1）湿法脱硫：把含有二氧化硫的烟气通过碱性溶液，使之发生反应，把气态的二氧化硫变为液态含硫化合物。湿法脱硫效率高、速度快、稳定可靠，但是耗水量大，需要的资金投入较多。

（2）干法脱硫：用干燥的碱性物质固体来吸收二氧化硫，这种方法完全不用水参加反应，一直处于干燥状态。干法脱硫技术成本低、投入少，是一种节约型的脱硫技术，但是脱硫的效果不是很好。

（3）半干法脱硫：把含有二氧化硫的气体相继通过固、液、气三种状态的碱性吸收物质。这种方法工艺简单、投资较少，适合含硫量较低的煤燃烧产生的烟气脱硫。目前煤的脱硫工艺主要分为燃前脱硫、燃中固硫和燃后脱硫。燃前脱硫的脱除煤效率较低，因此难以满足环保的要求，而燃中脱硫主要是在煤中添加一些固硫剂，在煤燃烧的过程，SO_2等含硫物就被其固定在煤渣中。燃中固硫运行费用低，不产生废气，但燃中固硫会对炉膛的温度有一定的限制，并且该方法的脱硫效率也很低。燃后脱硫的方法很多，如喷雾干燥法烟气脱硫、湿法烟气脱硫等。

2. 脱硝技术

脱硝技术是采用化学物理方法对燃煤烟气中的氮氧化合物进行脱除，从而达到烟气脱硝的目的。

（1）吸附法：主要采用吸附剂对高浓度氮氧化物进行吸附处理，应用范围较小，主要使用的吸附剂有活性炭、分子筛等，其中分子筛技术仅限于清洁气体NO_x的脱除，活性炭技术主要用于回收高浓度SO_2工艺或同时脱硫脱硝工艺中。

（2）水吸收法：此法仅用于气量小、净化要求不高的场合，由于水与NO_2反应产生HNO_2和HNO_3，产生的HNO_2不稳定，快速分解放出NO，因此常压下该法效率很低，不能净化含NO为主的NO_x，该法操作压力大，操作费、设备费较高，一般用作工业多级废气治理的最后一道工序。

（3）等离子体法：该方法是目前正处于研究实验阶段的新型脱硝方法。主要包括离子束法、脉冲电晕法，该法能以硝盐的形式回收NO_x，制成肥料，但需要大型电子加速器，电力消耗多，经济性有待验证，是目前行业较关注的一种技术，技术尚未成熟，并且主要研究方向以干法同时脱硫脱硝为主。

【教学建议】煤和石油等化石燃料作为燃料，其燃烧产物除了造成碳排放，燃烧产生的含硫气体与氮氧化物等污染问题是大气污染的重要问题。在教学中，教师除了让学生认识含硫气体与氮氧化物不仅对空气有污染、还能造成酸雨等环境问题外，还要引导学生从物质类别和价态的视角探索去除含硫气体与氮氧化物的化学原理，并结合情境素材让其了解脱硫和脱硝的生产工艺，激发学生用化学知识解决实际问题的兴趣，感受化学学科知识和化学工艺技术在环境保护和人类社会发展中的重要作用。

十一、可降解塑料

可降解塑料是指一类其制品的各项性能可满足使用要求，在保存期内性能不变，而使用后在自然环境条件下能降解成对环境无害的物质的塑料，也被称为环境可降解塑料。现有多种新型塑料：光降解型塑料、生物降解型塑料、光/氧化/生物全面降解性塑料、二氧化碳基生物降解塑料、热塑性淀粉树脂降解塑料。聚合物的老化降解和聚合物的稳定性有直接关系。聚合物的老化降解缩短塑料的使用寿命。为此，自塑料问世以来，科学家就致力于对这类材料的防老化，即稳定化的研究，以制得高稳定性的聚合物材料，而各国的科学家也正利用聚合物的老化降解行为竞相开发环境可降解塑料。可降解塑料的主要应用领域有农用地膜、各类塑料包装袋、垃圾袋、商场购物袋以及一次性餐饮具等。

聚乳酸是以乳酸为主要原料聚合得到的聚酯类聚合物，是一种新型的生物降解材料，使用可再生的植物资源（如玉米）所提出的淀粉原料制成。淀粉原料经由糖化得到葡萄糖，再由葡萄糖及一定的菌种发酵制成高纯度的乳酸，再通过化学合成方法合成一定分子量的聚乳酸。其具有良好的生物可降解性，使用后能被自然界中的微生物完全降解，最终生成二氧化碳和水，不污染环境，这对保护环境非常有利，是公认的环境友好材料。聚乳酸塑料掩埋在土壤里降解，产生的二氧化碳直接进入土壤有机质或被植物吸收，不会排入空气中，不会造成温室效应。

可降解塑料是为了保护环境而开发的，具有很大的现实意义。可降解塑料的优良性能显而易见，有广阔的发展前景。可降解塑料母料的研究、开发和生产对发展、推广可降解塑料有很大的促进作用。因为可降解塑料母料与相应的聚合物共混生产可降解塑料无须改变原塑料成型加工过程，具有广泛的实用性。可降解塑料的性能很好地适应了人类社会的可持续发展要求，所以利用高分子材料进行化学、生物的方法合成出光/生物可降解塑料是未来研究开发的主要方向。

【教学建议】随着人们生活水平的不断提高，对塑料制品的需求量越来越大，由此产生的"白色污染"已经成为环境的公害，如何解决"白色污染"是人们关注的热点。由于"普通塑料"性能稳定，不易分解，所以寻找易于分解的塑料制品就成为科技工作者探索的方向。在教学中，教师可以通过有机物碳碳键的稳定性引导学生思考如何将稳定的碳碳键转化为不稳定的化学键，可以通过酯的水解提示学生酯基的不稳定性，进而探索由酯类化合物形成高分子聚合物，这样就容易理解由乳酸聚合得到的聚酯类聚合物具有可降解的性质。在这一教学过程中，教师要引导学生通过酯的水解的类比理解"塑料降解"的实质，这是解决"塑料降解"问题的关键，然后再结合酯的性质，引导学生分析水解法、氨解法、醇解法、醇碱联合法、水环境下醇碱联合法对聚乳酸的作用，再通过资料证实聚乳酸在自然环境下降解的效果，这样有利于发展学生的创新思维能力和应用化学知识解决实际问题的能力。

第六章

基于核心素养的高中化学情境教学的案例研究

《氯及其化合物》（第2课时）教学设计

【教材分析】

本课题来自人教版高中化学必修第一册第二章，继"物质及其变化"之后，本章开始学习元素化合物。元素化合物是学生学习化学知识和经验的基础，其中蕴含着丰富的教学价值，是发展学生化学学科核心素养的核心知识。

核心素养引领教育的时代已经从教知识、教方法转变为了发展能力、提升学科素养，站在具体的教学设计角度，即要从更高处把握学科知识体系，变关注"零碎知识点"为关注"大单元设计"。本单元教学内容为氧化还原反应，氧化还原反应是高中化学的重要概念，新课标关于氧化还原反应的内容标准是"认识元素在物质中可以具有不同价态，可通过氧化还原反应实现含有不同价态同种元素的物质的相互转化；认识有化合价变化的反应是氧化还原反应，了解氧化还原反应的本质是电子转移，知道常见的氧化剂和还原剂"。同时，在学业要求中进一步提出"能从物质类别、元素价态的角度，依据复分解反应和氧化还原反应原理，预测物质的化学性质和变化，设计实验进行初步验证，并能分析、解释有关实验现象；能根据物质的性质分析实验室、生产、生活及环境中的某些常见问题，说明妥善保存、合理使用化学品的常见方法"。

由此可见，课程标准中不仅要求学生认识氧化还原反应的特点、本质、氧化剂、还原剂等基本概念，还要求学生能够综合运用氧化还原和复分解原理去认识陌生物质的化学性质，解释在实验中遇到的现象，理解氧化还原反应和复分解反应之间的竞争关系，并能够将在学习中生成的对概念、知识、方法的理解迁移应用到新的情境中，解决其他的真实而复杂的问题。

氯元素有多种价态，是探究不同价态的物质转化的良好载体。氯及其化合物的知识点多且转化关系繁杂，氯气和含氯化合物在生产、生活中应用广泛。本节内容从物质类别和化合价角度认识含氯化合物的性质，深入理解氧化还原反应和复分解反应，引发学生产生超越事实的抽象思维，实现思维的进阶，将概念学习转向能力和素养的培育。次氯酸钠性质与用途的探索过程是让学生学会利用"价-类二维图"解决问题，采用实验手段获取证据，通过推理探究出次氯酸钠的性质及用途，是发展学生"证据推理与模型认知"核心素养的理想载体。次氯酸钠的疫情防疫用途等也涉及重要的社会应用价值。

【学情分析】

高一学生通过"物质及其变化"的学习，初步建立了认识物质的类别视角，也增加了认识物质的核心元素价态视角，能够运用单一知识分析、解决简单问题，但缺乏知识之间的联系及综合知识分析、解决问题的能力，实验探究是问题解决的重要方式之一。学生在"钠与水的反应"探究中初步形成了"预测性质—实验验证—得出结论"的探究思路，能设计简单实验方案用于探究问题，但面对需要思考性的探究时缺乏实验方案设计的思路和方法。在问题解决的过程中，仅本能地将眼中的实验现象作为证据，得出表观结论，说明学生对证据的认识不够，缺乏形成结论所需相关证据的探究能力，证据的推理能力有待提升。

【教学目标】

1. 类比氯气与水的反应预测氯气与碱的反应，建立含氯元素的物质间的转化关系，进一步了解研究物质的思路和方法。

2. 从化合价和物质类别的角度预测NaClO的性质并设计实验验证，发展学生基于氧化还原反应、离子反应等核心知识对陌生物质性质探究的思路、方法和能力水平，培养学生设计实验的创造性思维，分析评价的高阶思维。

3. 通过"84"消毒液性质和用途的学习，让学生感受物质性质与用途的关系，体会实验对认识和研究物质性质的重要作用，体会化学对生活的重要意义。

【评价目标】

1. 通过预测反应产物、书写化学方程式，诊断学生认识物质的水平和探究物质性质的水平。

2. 通过对NaClO性质预测并设计验证实验方案的交流与点评，发展学生对物质性质的实验探究设计的水平。

3. 通过增强"84"消毒液漂白、消毒效果实验方案设计、"84"消毒液的讨论和分析含氯化合物的用途，诊断并发展学生解决实际问题的能力水平及其对化学价值的认识水平。

【教学重难点】

1. 掌握氯气与水以及与碱反应的实质，学会类比预测化学反应方程式。
2. 理解次氯酸及其盐的化学性质，构建分析、研究物质化学性质的思维模型。

【教学过程】

情境素材1：1789年，法国化学家贝托莱在研究氯气时发现，氯气溶于水后形成的溶液（称为"氯水"）有漂白性，他提出把氯水的漂白性应用于漂白工业。但氯气溶解度不大，且生成的次氯酸露置在日光下会失去漂白能力，同时产生盐酸和氧气，难以保存，用起来不方便，效果不理想。所以将氯水的漂白性推广至工业遇到了困难。

情境素材2：不久后，英国化学家台耐特将Cl_2溶于石灰乳中，发现生成了一种具有漂白性且更稳定的物质——漂白粉，从此将漂白从实验室带进了"寻常百姓家"。现代工业制取漂白粉依然采用该反应原理。

师：请同学们思考，史实中提到的Cl_2与$Ca(OH)_2$是如何反应的呢？这节课我们先来探索Cl_2与碱的反应。

设计意图：复习氯水的漂白性，思考氯水漂白的原因与局限性，为解决实际问题进一步研究氯气与碱的反应做铺垫。让学生感受科学研究对实际生产和生活的重要意义，将学生的关注点引到氯气与碱的反应上，激发学生一探究竟的兴趣。

任务一：结合Cl_2和H_2O的反应，建立Cl_2与碱反应的思维模型

师：写出Cl_2和H_2O的反应方程式，从HCl、HClO和$Ca(OH)_2$的反应入手分析。HCl和$Ca(OH)_2$的反应同学们比较熟悉，但HClO与$Ca(OH)_2$的反应同学们不熟悉，可以从物质类别的角度进行类比酸与碱的反应，推测出产物$Ca(ClO)_2$。

学生写出Cl_2和$Ca(OH)_2$反应的化学方程式并阐述分析思路。

资料显示：极干燥的Cl_2和$Ca(OH)_2$不发生反应，说明该反应是在Cl_2和H_2O反应的基础上发生的。

设计意图：从物质类别角度推测氯气与氢氧化钙溶液的反应产物，学生掌握基于熟悉的物质和反应类型预测陌生反应的方法。

学生分析该反应是否为氧化还原反应，若是，请找出氧化剂与还原剂。

设计意图：从氧化还原反应的角度认识该反应，初步建立Cl_2与碱反应的思维模型。

师：在生活中还有一种常见的有漂白作用还能消毒的物质——"84"消毒液，是抗新冠病毒的消毒剂之一。

请学生阅读"84"消毒液的说明书，关注到其主要成分是NaClO。资料显示工业上常将Cl_2通入烧碱溶液来制备"84"消毒液。

学生类比Cl_2和$Ca(OH)_2$反应的化学方程式，写出Cl_2和NaOH反应的化学方程式，并改写成离子方程式。

资料显示，NaClO也会见光或受热分解，但它的水溶液在低温下存放三年才分解一半，比HClO稳定得多。次氯酸盐作漂白剂，弥补了氯水漂白的不足。

学生思考氯气与碱反应的程度比氯气与水反应的程度大，说明了什么问题？

结论：说明Cl_2的性质受溶液酸碱性的影响。

学生总结出常温下Cl_2与碱反应的规律。

设计意图：引导学生建立Cl_2与碱反应的思维模型并进行迁移运用，并在这个过程中渗透次氯酸盐作漂白剂的优越性和反应程度大小体现出物质的性质受环境影响。

任务二：探究NaClO的性质

问题1：我们可以从哪些角度预测NaClO的化学性质？

生1：从NaClO中氯元素的化合价看，预测+1价Cl可能具有氧化性。

生2：从物质类别的角度看，NaClO是一种盐，类比Na_2CO_3预测可能与酸反应，具有碱性。

活动1：学生思考讨论，设计实验验证NaClO的氧化性。

师：我们想验证NaClO的氧化性，选择的试剂应具有什么性质呢？同时你能观察什么现象来确定发生了化学反应呢？

生：选取一些常见的还原剂，如果有溶液颜色变化、气泡产生、沉淀生成等现象就可以证明发生了化学反应。

探究实验1：探究NaClO的氧化性（演示实验）。

实验过程	实验现象
取少量KI溶液于试管中，滴加几滴NaClO溶液，再滴加几滴淀粉溶液	溶液先变蓝，后褪色
取少量Na_2S溶液于试管中，滴加几滴NaClO溶液	溶液中产生淡黄色沉淀

结论：I^-、S^{2-}均被氧化，说明NaClO具有氧化性。

学生结合实验结论解释"84"消毒液能杀菌消毒的原因。

师："84"消毒液能杀菌消毒的原因之一：次氯酸钠通过与细菌细胞壁或病毒外壳发生氧化还原作用，使病菌裂解。我们想验证NaClO的碱性，可以选择什么方法？

生：用pH试纸，用酚酞溶液。

探究实验2：验证NaClO的碱性。

实验过程	实验现象
取少量NaClO溶液于两支试管中，滴加几滴酚酞溶液	溶液变红

结论：NaClO溶液呈碱性。

师：你能用化学知识解释"84"消毒液使用说明中的注意事项（PPT展示）吗？

生：NaClO溶液是碱性溶液，对丝绸、毛等材料有伤害，不可与酸性清洁产品混用。它也有较强的氧化性，容易与铝、铜、碳钢等还原性物质反应，使用时要避免接触皮肤。

设计意图：引导学生运用氧化还原反应和离子反应的知识预测和验证NaClO的性质，形成从"物质类别"和"化合价"视角认识物质转化的思想方法，初步构建价—类二维的思维模型。通过设计实验、验证实验、得出结论的过程，诊断并发展学生基于价—类二维的证据推理与模型认知的核心素养。

任务三：从离子反应视角思考提高NaClO漂白性的方法，探究其应用

活动2：探究酚酞褪色的原因，分析NaClO的漂白原理。

探究实验3：验证NaClO的碱性。

实验过程	实验现象
取少量NaClO溶液于两支试管中，滴加几滴酚酞溶液	酚酞变红
向其中一支试管中滴加植物油液封后通入CO_2气体	溶液褪色

问题2：为什么家庭使用"84"消毒液时，在空气中露置一段时间可以更好地发挥其漂白、消毒作用？

师：为什么通入CO_2气体后溶液褪色？

生：NaClO溶液与CO_2气体发生了反应。

师：请尝试写出反应方程式，并分析溶液褪色原因。

生1：生成的HClO溶液有强氧化性，漂白了溶液。

生2：也可能是两种溶液混合之后发生反应，溶液的pH值发生变化，溶液不呈碱性。

师：NaClO溶液使酚酞溶液褪色的原因：反应后的溶液仍然呈碱性，溶液褪色主要是因为反应生成了HClO，氧化漂白了溶液。

知识拓展：漂白粉和漂白液的漂白原理：

$$Ca(ClO)_2 + CO_2 + H_2O == CaCO_3\downarrow + 2HClO$$

$$NaClO + CO_2 + H_2O == NaHCO_3 + HClO$$

问题3：根据以上反应，你认为购买和存放漂白粉时应该注意哪些问题？

生：观察包装是否密封，漂白粉中是否结块，注意使用期限，现买现用，购买后应密闭存放在干燥的地方。

设计意图：不断设问，引发学生认知冲突，陷入思考。教师引导学生用所学的知识对实验现象进行分析，并且设计实验获取证据来验证猜想，经历演绎与归纳、分析与综合、推理与判断等思维过程，最终获得实验结论，发展了学生宏观辨识与微观探析的核心素养，促进学生的深度学习。教师通过驱动性问题，引导学生思考化学问题的出发点要基于物质性质的分析，再依据反应规律写出化学反应方程式，掌握研究物质性质的思路和方法。通过这个分析过程诊断并发展学生基于氧化还原反应、离子反应等核心知识对陌生物质性质探究的思路、方法和能力水平，培养学生设计实验的创造性思维，分析评价的高阶思维。

问题4："84"消毒液为什么不能与酸性产品，如洁厕灵（主要成分是HCl）混用？

生："84"消毒液呈碱性。

师："84"消毒液不能与洁厕灵混用仅仅是因为溶液的碱性吗？

学生观看"84"消毒液与洁厕灵的反应探究实验视频，结合化学知识用于解释并写出反应的离子方程式。

师：这个反应提醒我们在生活中使用含氯消毒剂一定要仔细阅读产品说明书，做到科学实用，不当使用不但不会消除致病微生物，还会产生严重后果。

问题5：乙醇也有还原性，也是常见消毒剂，可以和"84"消毒液混用提高消毒效果吗？

生：不可以，有可能发生氧化还原反应，产生Cl_2。

师：对比制备漂白液的离子方程式：$Cl_2 + 2OH^- == ClO^- + Cl^- + H_2O$，你对物质的性质有哪些新认识？

生：对比这两个反应，我们发现Cl_2在碱性条件下发生歧化反应，生成ClO^-和Cl^-，又在酸性条件下发生归中反应生成Cl_2，说明物质的性质，如氧化性、还原性不是一成不变的，会受环境因素影响，性质发生变化进而会影响到氧化还原反应的发生。

学生阅读教材，了解次氯酸盐的用途，分析物质性质与用途的关系，体会化学对生活的重要意义。

设计意图：教师引导学生构建研究物质性质模型，从具体物质的部分化学性质走向性质应用，构建学生分析问题的框架和思维模型，体会化学源于生活又回馈生活，通过探究NaClO性质的应用让学生学会知识迁移和运用，促使学科核心素养的养成。

师：同学们总结一下，我们刚从哪些角度认识了NaClO的化学性质？

生：从化合价角度认识了NaClO的氧化性，从物质类别的角度分析了NaClO的碱性及与酸的反应。

PPT展示：

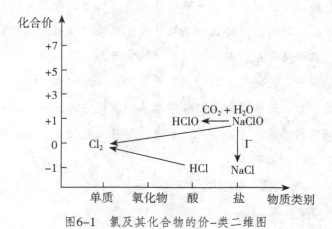

图6-1　氯及其化合物的价-类二维图

师：我们把物质类别作为横坐标，化合价作为纵坐标构建二维图，叫作价-类二维图。价-类二维图可以看到NaClO与其他含氯物质间基于物质类别和元素化合价两个角度的转换关系。

设计意图：通过对含氯物质转化关系的讨论和点评，诊断并发展学生对物质及其转化思路的认识水平。价-类二维视角的建立、认识思维模型的构建是一个逐级逐步概括、抽象的教学过程，在这个过程中设问、任务驱动，搭建思维平台，使学生参与到解决问题的实际应用中去。这样的观念建构过程是自然的、鲜活的。在这个过程中，学生不仅将静态的"氧化还原""离子反应"等核心知识转变为功能态"价-类二维"分析模型，还逐步养成了预测性质、设计实验、获取证据、得出结论的认识路径，进一步培养学生思维的严谨性，优化思维品质，发展高阶思维，并使"证据推理与模型认知"和"科学探究与创新意识"的核心素养得以落实。

课后任务：作业与拓展学习设计

（1）依据氯的价-类二维图写出相应转化的化学方程式。

（2）基于价-类二维视角预测自来水消毒剂ClO_2的化学性质，并设计合理实验方案验证。

设计意图：学生对ClO_2的陌生感更强，通过"预测—设计实验—优化方案"等诊断发展学生基于价-类二维的"设计实验的创造性思维""分析评价""预测、观察、解释能力""概括关联"的高阶思维。

【教学反思】

本课设计的思路是采用"类比""预测""实验验证"等教学方法，以"创设情境引入新课"→"类比学习预测反应"→"实验探究验证性质"→"应用新知学以致用"→"总结提升"五个环节组织教学活动，合理设置知识梯度。学生在解决问题的过程中，逐步建构以次氯酸钠为例的对物质性质和应用的认知模型，同时实现思维进阶。

（一）提前发布学习任务单，明确学习的核心目标

提前布置课前学习任务：①复习氯气和水的反应，从氧化还原反应角度分析该反应；②尝试从离子反应、氧化还原反应的视角对反应的产物进行预测、探究；③查阅"84"消毒液的说明书。前置学习任务可以让学生做好上节课与本节课学习内容的衔接，尽快完成旧知与新知的转化，提高课堂学习效率；通过查阅网络资源任务驱动调动学生疫情期间居家线上学习的积极性，课后对照学习目标自我评价，实现贯穿课前、课中、课后的教学评价一体化。

（二）构建学习元素化合物的思维模型，不断促进学生学科核心素养的发展

科学合理地使用消毒剂是抗疫非常重要的一个内容，了解消毒剂，才能正确使用。本节课以生活中常见的含氯消毒剂"84"消毒液为例，探究其有效成分次氯酸钠，类比氯气与水的反应探究次氯酸钠制备原理，引导学生学会从离子反应、氧化还原反应的视角对反应的产物进行预测；从价-类二维的视角预测次氯酸钠的性质，设计实验验证，从实验中获取证据，得出结论检验对物质性质的预测是否正确，突破教学重难点，有效落实证据推理与科学探究的核心素养目标。

（三）创设解决实际问题的教学情境，通过活动任务驱动探究不断深入

通过解读"84"消毒液的使用说明，探究次氯酸钠的漂白原理，构建"提出问题—做出假设—设计实验—实验验证—得出结论"探究实验模型。疫情期间，学生不能亲自动手参与实验，老师尽可能演示实验，还原真实课堂，学生通过设计实验方案，观察老师演示实验，描述实验现象，从复分解反应和氧化还原的角度分析次氯酸钠发生的反应。从实验事实中提取证据，对次氯酸钠漂白的化学问题提出假设，设计实验验证次氯酸钠与空气中的成分二氧化碳发生反应，基于实验事实得出次氯酸的氧化性强于次氯酸钠，帮助学生更好地理解漂白液、漂白粉的漂白原理，建立认知与实验探究模型。通过探究"84"消毒液与洁厕灵的反应，迁移应用实验探究模型，对次氯酸钠与盐酸发生的复分解反应与氧化还原反应进阶理解，培养学生严谨求实、具有安全意识的科学态度。通过布置作业将本节课所学消毒剂的使用要求给自己的亲朋好友广泛宣传，培养学生的社会责任感。

　　（注：本教学案例是作者指导宋广荣老师参加2022年12月兰州市教学新秀评选中获得第十六届教学新秀的课堂教学实录）

《氮及其化合物》（第1课时）教学设计

【问题的提出】

元素化合物是中学化学的重要组成部分，是研究物质变化、探索化学理论知识的载体。由于元素化合物知识属于事实性知识或陈述性知识，本身具有庞杂、琐碎的特点，需要记忆的内容较多，而且容易混淆，是教和学的难点之一。大多数元素化合物教学显得低效甚至无效，这是由于教师在授课中往往更注重知识本身，忽视了核心知识之间联系和转化的价值功能，教学过程缺少对化学思想和方法的整合统筹，学生获得的知识不具备迁移价值，没有掌握预测其他陌生物质性质的思路方法，不能形成元素化合物性质研究思路。《普通高中化学课程标准》（2017年版）强调课堂教学内容的组织，应有利于促进学生从化学学科知识向化学学科核心素养的转化，而内容的结构化是实现这种转化的关键，内容的结构化表现为基于"知识关联的结构化""认识思路的结构化""核心观念的结构化"三种形式。在元素化合物教学活动中如何才能实现对教学内容进行结构化处理呢？本文以《氮及其化合物》（第1课时）为例，探索课堂教学中对知识进行结构化处理的基本策略。

【设计思路】

知识结构化是指按照一定的线索整理知识，使之形成系统化、结构化的知识网络，能否将零散的知识整合成结构化的知识，是评价学生是否掌握元素化合物知识的重要指标，而化学理论和化学观念是联系元素化合物知识的纽带，所以教学设计要善于挖掘蕴含在元素化合物知识中富有教学价值的化学理论和化学观念，引导学生实现知识的结构化。本节课的设计思路如下：以氮及其化合物的价-类二维图为切入点，从物质类别和核心元素价态两个维度将氮及其化合物的性质进行整合，在构建结构化的知识网络的过程中，引导学生对氮及其化合物转化过程中的"证据"进行"分析综合"，构建元素化合物性质及其转化的认知思路，同时通过对氮及其化合物转化本质的认识，深入理解学科本质，灵活运用化学学科知识解决实际问题，感悟化学学科的价值和作用。

【教学目标】

本节内容是人教版高中化学必修第二册第五章《化工生产中的重要非金属元素》第二节《氮及其化合物》第一课时的内容，本节内容除了关注氮及其化合物的性质，还要引导学生通过元素价态、物质类别的认识视角认识氮及其化合物的转化本质，同时还需要突出化学的价值和作用，了解人类活动对自然界氮循环和环境的影响。学生通过前面元素化合物内容的学习，基本掌握了从价–类二维角度分析物质性质及其转化，初步具备了从化合价和物质类别角度预测物质性质的能力以及从情境素材中发现问题、提出问题和分析解决问题的能力。基于此，本节课的教学目标设计如下：

1. 通过教学情境引出氮气转化为氮的化合物的真实问题，在对真实问题的化学本质的剖析、推理验证过程中发展学生的模型认知和证据推理核心素养水平。

2. 通过探究过程认识氮气、一氧化氮和二氧化氮的性质，构建元素化合物性质及其转化的认知思路，发展学生用价–类二维视角认识和分析物质性质的结构化水平。

3. 通过化学史料的介绍，使学生了解合成氨的发展历程，认识氮的固定对人类社会发展中的重要作用；了解氮的固定的发展前景，感知化学的价值和作用，强化科学精神与社会责任核心素养。

【教学过程】

环节一：创设教学情境，引出真实问题

师：惊蛰时节，春雷一鸣，万物复苏，所以惊蛰是春耕开始的时节（播放惊蛰节气视频）。

设问：为什么春雷之后，植物能繁茂生长？

生：植物能繁茂生长需要水和化肥。猜想是雷雨过后，可能产生某种肥料。

追问：可能是哪种肥料？为什么？

生：可能是氮肥，而且可能是硝酸盐或者铵盐，这是由于大气中有氮气，通过打雷下雨过程，氮气可能通过化学反应转化为氮肥，即转化为能被植物吸收的硝酸盐或者铵盐，植物就能繁茂生长。

设计意图：通过节气引出植物繁茂生长，引导学生发现问题并根据已学知识有初步猜想，进而引出本节课需要探究的问题——氮及其化合物之间的转化，激发学生的学习兴趣。同时通过探究我国古代劳动人民的智慧，弘扬中华优秀传统文化，增强文化自信。

环节二：构建认知思路，构建认知结构

师：N_2是如何转化为氮肥的？提示：通过猜想元素化合物之间的转化分析化N_2是如何转化为氮肥以及转化的可能性，可以借助元素化合物的价-类二维图，所以需要梳理氮及其化合物的价-类二维图。

活动：结合物质的类别和氮元素的化合价列举出常见的氮的化合物，然后梳理氮及其化合物的价-类二维图（老师结合学生完成情况提示、补充和完善）。

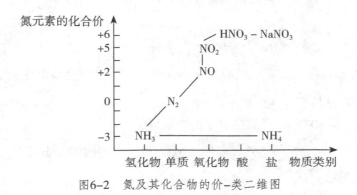

图6-2　氮及其化合物的价-类二维图

任务1：分析N_2转化为氮的化合物的可能性。

师：请结合初中已经接触的N_2以及生活经验，分析N_2性质的活泼性。

生：N_2性质稳定，不容易与其他物质发生反应。

设问：为什么N_2性质稳定？从结构角度分析一下决定物质性质的因素是什么？

生：根据N_2的结构可知，N_2中存在氮氮三键，氮氮三键很牢固，所以性质比较稳定。

追问：从化学键角度来分析化学反应的本质是什么？化学键的牢固也是相对的，如果提供非常高的能量有没有可能使氮氮三键断裂？

生：有，比如雷电可能使氮氮三键断裂。

任务2：预测打雷下雨时N_2转化的最终肥料的成分。

设问：植物根部吸收可溶盐，氮及其化合物的价-类二维图中有两种盐，试推测可能是哪种盐。

生：推测N_2转化成了可溶性的硝酸盐。由空气的组成分析可猜测N_2能与O_2在放电条件下发生反应，最终转化为含氮元素的盐，即硝酸盐，而不是铵盐。

设问：如何证实你的猜测？

生：通过实验过程证实猜测。

师：播放模拟放电实验视频（注：由于学校实验条件所限制，故只能通过实验视频呈现实验过程）并引导学生从氮及其化合物的价–类二维图以及空气的组成分析反应后生成物的可能成分。

生：通过观察空气在放电作用下出现红棕色，分析生成物的成分可能为NO或者NO_2。

设计意图：通过氮及其化合物的价–类二维图，引导学生分析氮气转化为氮的化合物的路径，实现了元素化合物之间的有效关联，促进知识关联的结构化；再通过氮气的结构分析氮气与氧气在放电条件下发生反应的可能性，强化学生"结构决定性质"的思维意识；最后通过实验对学生的预测进行验证，强化学生利用证据得出结论的"证据推理"思维意识。

任务3：确定打雷时N_2与O_2反应生成物的成分。

设问：请观察老师给大家提供的NO和NO_2样品，通过观察颜色你能推测一下产物究竟是NO还是NO_2？如何确定是NO还是NO_2？

生1：通过观察NO和NO_2样品确定生成物是NO_2。

生2：生成物可能是N_2与O_2先反应生成NO，根据NO中N的价态可以判断出NO能进一步和O_2反应生成NO_2。

追问：哪种分析合理？如何验证？

师：微观的变化我们肉眼看不到，除了采用化学实验手段以宏观变化的方式呈现，还可以借助科学仪器将微观的变化过程"表现"出来。下列资料卡中的相关文字信息以及图中的曲线变化来自某权威文献，请同学们结合有关信息分析前面两位同学的结论的合理性。

展示资料卡：

> 某研究团队对高压放电条件下N_2与O_2反应的实验进行了研究，并利用氧气传感器和压强传感器测量放电后O_2浓度和压强的变化来分析N_2与O_2反应的实质，实验过程中有关O_2浓度和压强的变化曲线如下图所示，其中0～16 s为放电前，17～137 s为放电时间，138～195 s为停止放电后（提示：因为温度的升高，压强数值继续增大，压强曲线呈现上升趋势）。

设问：17 ~ 137 s放电过程中，O_2浓度为何会减小？138 ~ 195 s为停止放电后，O_2浓度为何会继续减小？请分析还发生了哪些反应？

生：放电过程中，O_2浓度逐步减小，说明O_2在放电条件下与N_2发生了反应生成NO；停止放电后，O_2浓度继续减小，说明O_2在通常条件下可以继续与生成的NO发生反应，即学生2的结论比较合理。

追问：如何验证O_2在通常条件下可以与NO发生反应？请设计实验并完成实验过程。

生：用注射器将O_2注入盛有NO的试管中，观察到试管中无色气体转化为红棕色。

小结1：打雷时，N_2与O_2反应生成了NO，NO可与O_2直接反应生成NO_2，反应的化学方程式分别为：$N_2 + O_2 \xrightarrow{\text{放电}} 2NO$、$2NO + O_2 = 2NO_2$。

设计意图：通过对打雷时N_2与O_2反应产物的探索过程，提升学生思维的有序性和提取文献素材中有效信息解决实际问题的能力以及通过实验对预测的结论进行"证实或证伪"的能力，完善学生学习元素化合物的认知思路，实现其认知思路的结构化。

任务4：分析反应生成物如何转化为最终肥料的成分。

师：NO是否可以直接与H_2O发生反应生成硝酸？请设计实验并完成实验过程。

生：用注射器将蒸馏水注入盛有NO的试管中，观察到没有反应发生。

小结2：NO不溶于水，不与水发生反应。

师：NO_2是否可以直接与H_2O发生反应生成硝酸？请设计实验并完成实验过程。

生：用注射器将蒸馏水注入盛有NO_2的试管中，观察到红棕色气体消失，同时试管中又得到无色气体，将紫色石蕊溶液注入反应后所得溶液中，观察到紫色石蕊溶液变红，得出结论NO_2与H_2O反应有HNO_3生成。

师：除NO_2与H_2O反应生成HNO_3外，所得到的无色气体是什么？

生1：无色气体是收集NO_2的气体中混有的N_2或O_2等杂质气体。

生2：根据氧化还原反应原理可以判定无色气体为NO或N_2等气体。

师：如何通过实验判断气体成分？请设计实验并完成实验过程。

生：用注射器将O_2注入所得无色气体的试管中，观察到试管中的无色气体转化为红棕色，振荡，红棕色又消失，得出结论：NO_2与H_2O反应除生成HNO_3外，还有NO生成。

小结3：NO_2与H_2O反应的方程式为：$3NO_2 + H_2O = 2HNO_3 + NO$。

结论：打雷下雨过程中，O_2与N_2反应生成NO，O_2与NO反应生成NO_2，NO_2与H_2O反应生成的HNO_3与土壤中的盐类反应生成硝酸盐，促进了植物的生长。

设计意图：通过创设驱动性问题链，对NO及NO_2性质（与O_2及H_2O的反应）的探索，从提出问题到假设再到实验的探究以及对实验结果的分析过程，进一步强化学生对预测的结论进行"证实或证伪"的能力，促进学生自主建构知识体系，构建学习元素化合物的认知思路，实现其认知思路的结构化。

环节三：梳理认知思路，强化认知结构

师：将大气中游离态的氮转化为氮的化合物的过程叫氮的固定。打雷下雨过程中就有氮的固定过程。请结合氮及其化合物的价–类二维图分析是否还有其他氮的固定的途径？反应是否容易发生？

生：H_2与N_2反应生成NH_3的过程也应该属于氮的固定，该反应同样要通过需消耗大量的能量使氮氮三键断裂，故不容易发生。

师：由于氮气的不活泼性，所以H_2与N_2反应生成NH_3的工业化生产曾经是一个难题，请阅读教材P12页"科学史话"并思考以下问题：

问题1：合成氨的反应条件有哪些？并写出合成氨反应的化学方程式。这些反应条件说明了什么问题？

问题2：合成氨的工业化生产有哪些现实的意义和价值？

生：需要高温、高压和催化剂，反应的化学方程式为：$N_2 + 3H_2 \underset{\text{催化剂}}{\overset{\text{高温、高压}}{\rightleftharpoons}} 2NH_3$，合成氨的这些反应条件说明氮氮三键的键能较大，不容易断裂。合成氨的工业化生产实现了在人工条件下氮的固定，在很大程度上解决了地球上因粮食短缺而导致的饥饿问题，体现了化学和技术对人类社会发展与进步的巨大贡献。

师：打雷下雨将氮气转化为氮的化合物属于自然固氮，而合成氨属于人工固氮。自然界中的豆科植物的根瘤菌也可以将氮气转化为氮的化合物，叫生物固氮，也属于自然固氮。

过渡：氮是自然界各种生物体生命活动不可缺少的重要元素，植物利用吸收氮的化合物合成蛋白质等，这些蛋白质可被人和动物摄取，再通过生命活动过程转化为硝酸盐，最后通过微生物的分解重新回到大气中，所以氮的固定是实现氮的循环、维持氮元素的生态平衡中不可缺少的环节。

师：分析人工固氮和自然固氮的利与弊，思考如何实现我国未来农业生产的可持续发展？

小结4：合成氨的工业化虽然实现了在人工条件下对氮的固定，但是需要消耗大量的能量，而且农业生产通过大量施用氮肥来提高作物产量也会造成生态环境的污染。自然界中也只是有根瘤菌的豆科植物具有固氮能力，非豆科植物（如小麦、玉米、水稻等）

不能实现生物固氮，所以要积极推进如何在非豆科植物中实现生物固氮的应用研究。

展示资料卡：

> 　　非豆科作物的根际固氮能够给玉米和水稻等粮食作物提供生长所需的氮素，部分替代化学氮肥，在农业生产中应用意义重大。我国的国家重点基础研究发展计划（"973"计划）启动了"固氮及相关抗逆模块的人工设计与系统优化"的研究项目，该项目针对现有生物固氮体系的天然缺陷，系统开展了生物固氮机制的研究，目前该研究已经取得了一些重要的成果。该成果通过生物固氮大幅度提高了非豆科粮食作物根际联合内生固氮效率，逐步实现非豆科作物结瘤固氮，最终实现减少作物对氮肥的依赖，在实现农业生产的可持续发展、环境保护和建立氮素生态平衡方面具有重要的作用。

设计意图：通过对氮的固定知识的梳理以及氮在自然界的循环过程的分析，引导学生从打雷下雨的自然固氮到工业上合成氨的人工固氮，再到对自然固氮中豆科植物中根瘤菌的生物固氮的认识，强化对元素化合物知识的认知思路的结构化；最后通过情境素材再到人类社会对非豆科作物根际固氮的研究与探索，让学生体会到人类社会发展过程中从认识自然到改造自然、最后回到人与自然和谐发展和可持续发展的科学理念，特别是通过情境素材让学生感受到我国科学家在实现人、自然、社会和谐共处的可持续发展方面所作的重要贡献，增强学生的民族自豪感和国家认同感，从而实现学科育人价值。

【教学反思】

（一）"价-类二维图"是实现元素化合物知识结构化的重要工具

价-类二维图不仅能体现出元素化合物的类别和价态，还能体现出物质之间的氧化还原反应、复分解反应等转化关系，通过分析反应关系不仅可以认识物质变化的实质，还可以分析化学事实、理解化学概念、建构知识体系，所以"价-类二维图"是实现元素化合物知识体系的结构化的重要工具。学生可以借助于"价-类二维图"自我构建认知思路和视角，从分类观和转化观的角度逐渐构建认识元素化合物及其转化关系，形成分析问题和解决问题的思维模型。

（二）"驱动性问题链"是实现元素化合物知识结构化的关键环节

问题是启发学生思维的源泉，具有思考价值的驱动性问题是体现学生思考的条理脉络、促进学生有序思维的关键，所以在教学过程中要通过精心设置驱动性的问题链，引导学生通过不断思考探寻解决问题的思路和方法，如本节课的教学过程中通过设问引发学生探索"氮气如何反应转化为氮肥"，以驱动性的问题链为导向引导学生分析化合价变化，即通过"氧化还原反应探索实现物质之间的转化"，这样就找到了解决"雷雨促进植物繁茂生长"这一实际问题的思路和方法。

（三）"自我构建知识"是实现元素化合物知识结构化的必要保障

核心素养课堂不再是灌输知识的场域，而是思考、发现、探索及知识构建的场所，所以教学过程中教师要引导学生通过自主探究、自我反思获得知识，一定要避免将结论直接告知学生，如关于"N_2与O_2反应的生成物""NO_2与H_2O反应的生成物"的确定过程中采用多种途径提供证据素材，学生自己通过分析证据素材得出结论（证实或者证伪），这样不仅提高了学生分析问题与解决问题的能力，强化了学生"利用证据推理，形成认知模型"的自主构建元素化合物知识体系的核心观念，还能引导学生深入理解学科本质，灵活运用学科知识解决实际问题，而且更容易将所学知识内化为稳固的、个体化的知识结构，这对化学学习活动具有指引和导向的作用，体现了化学知识的预测、分析、探究物质性质的功能，这有利于转变学生的学习思路与方法、完善认知结构，对元素化合物学习有很大帮助。

［注：本教学案例由马少峰、郑彦锋、冯新平共同设计，并由郑彦锋在兰州市第28中学"名师进校园"教研活动中展示，案例发表于《中学化学教学参考》（中旬刊）2023年第1期］

《碳酸钠与碳酸氢钠的化学性质》教学设计

【教材分析】

本章内容为高中化学第一次涉及元素化合物的知识，主要学习金属钠和铁的有关化合物，所以"钠及其化合物"是高中化学必修课程中的核心内容之一。根据教材内容安排的特点，学生要掌握典型元素化合物知识的一般方法，构建认知元素化合物知识的思维模型。碳酸钠和碳酸氢钠是本章教材的重要的两种化合物，学生在初中就已经对碳酸钠和碳酸氢钠有了初步认识。这对学生深入理解碳酸钠和碳酸氢钠的性质、解释碳酸钠和碳酸氢钠在生产生活中的应用具有重要意义。本课通过对碳酸钠和碳酸氢钠性质的进一步探索，不仅可以提升学生的观察、类比、对比、归纳等思维能力水平，同时由于碳酸钠与碳酸氢钠等又与日常生活息息相关，故还可以帮助学生体会化学与生活、生产实际相联系，提高用化学知识和视角解决生产生活中实际问题的能力，强化学生对化学在人类社会发展中的重要作用和价值的认识。学生在获取相关化学知识和实验研究技能的同时，可以认识物质性质和物质用途的关联、化学物质及其变化的社会价值，提高解决实际问题的水平，所以具有十分重要的现实意义。

【学情分析】

学生虽然在初中对碳酸钠与碳酸氢钠的性质有一点了解，同时对其在生产生活中的用途也具有一定的了解，但是只是停留对性质和应用的表象认识，而且认识也比较零散。由于学生通过学习钠单质和钠的氧化物的知识，对实验探究物质性质的方法和过程有了一定的感性认识，所以在本教学过程中在探究碳酸钠与碳酸氢钠性质时，可以引导学生通过探究的方式从定性与定量、宏观与微观、组成与类别等不同视角进一步加深学生对碳酸钠与碳酸氢钠性质和用途的认识。同时通过充分利用学生的生活经验完成对碳酸钠与碳酸氢钠在生产生活中的应用的梳理，引导学生形成化学源于生活、化学服务生活的理念，落实学科核心素养的培养。

【课标要求】

内容要求：结合真实情境中的应用实例或通过实验探究，了解钠及其重要化合物的主要性质，了解它们在生产、生活中的应用。

教学策略：紧密联系生产和生活实际，创设丰富多样的真实问题情境。

活动建议：通过实验及探究活动完成对碳酸钠与碳酸氢钠性质的比较。

【教学目标】

1. 通过课前生活大调查、查阅制碱的历史、学习科学家的精神，体会化学在生活中的实用价值。

2. 通过碳酸钠和碳酸氢钠的热稳定性、与酸的反应的研究思路的建立过程以及对研究结果的分析和归纳，在了解碳酸钠和碳酸氢钠的主要化学性质的基础上，初步形成基于问题视角认识物质性质的研究思路和研究方法。

3. 通过"提出问题，获取证据，作出论证"的科学论证活动，进一步强化研究元素化合物性质的基本思路和方法的认知思路。

4. 结合碳酸钠和碳酸氢钠在生活生产中不同领域应用的特点，认识化学学科与人类社会发展的关系，理解化学学科的社会价值与应用价值。

【评价目标】

1. 通过学生的调查研究与交流过程的分析，诊断学生在通过不同途径获取化学知识、形成化学思维观念的能力水平（视角水平）。

2. 通过对碳酸钠和碳酸氢钠的热稳定性以及与酸的反应的探究实验设计方案的交流和点评，诊断并发展学生实验探究的水平（定性水平、定量水平）。

3. 通过对学生在科学论证活动实验中探究能力的判断和分析，诊断并发展学生科学探究的能力水平（物质水平、元素水平、微粒水平）和认识思路的结构化水平（视角水平、内涵水平）。

4. 通过归纳碳酸钠和碳酸氢钠性质的应用与学科价值关系思路的交流与点评，诊断并发展学生对化学学科价值的认识水平（视角水平、内涵水平）。

【教学重难点】

1. 碳酸钠和碳酸氢钠性质及其研究思路的形成。

2.碳酸钠和碳酸氢钠与酸的反应及相互转化。

【教学过程】

环节一：问题的引入

师：碳酸钠和碳酸氢钠在生产生活中的应用十分广泛，在人类社会发展中人们很早就开始并且在不断地探索制备碱和应用碱为人类服务，比如侯德榜制碱法。大家在课前已经通过去超市、药店或者在网上探寻了食用碱、苏打水、苏打饼干及中和胃酸的药物等物质中的主要成分或添加剂及其用途，了解了不同领域中碳酸钠和碳酸氢钠的应用，下面请大家对自己调查的结果分组进行汇报。

学生分组汇报调查的结果（结果略）。

师：化学即生活。性质决定用途，用途反映性质，不同用途可以体现出碳酸钠和碳酸氢钠具有不同的性质。

问题：刚才有同学汇报过程中提到了在制作馒头或者面条的面粉发酵或面条制作时常常用到纯碱或小苏打，大家能分清楚纯碱、小苏打的成分是什么吗？

展示馒头和面条的图片（图片略）。

生：纯碱是碳酸钠，也叫苏打，小苏打是碳酸氢钠。

师：在面粉发酵或面条制作时为何要用到纯碱或小苏打？由于不同用途可以体现出碳酸钠和碳酸氢钠具有不同的性质，所以我们一起探究碳酸钠和碳酸氢钠的性质有何不同。

设计意图：通过课前设置调查活动任务，学生收集生活中的Na_2CO_3和$NaHCO_3$的应用案例，完善对Na_2CO_3和$NaHCO_3$用途的认知，加深对化学与生活的认识，感悟人类社会发展过程中化学的生活价值和社会价值，为激发学生全面深刻理解Na_2CO_3和$NaHCO_3$的性质、感受性质与用途的关系奠定基础。

环节二：问题的解决

任务1：碳酸钠和碳酸氢钠热稳定的研究思路的建立

师：我们从哪些视角来研究碳酸钠和碳酸氢钠的性质呢？请大家思考一下制作面条或者馒头时需要的条件是什么？

提示：煮面条或者蒸馒头需要与化学实验过程中哪个实验条件相类似？这样的操作可能会体现出物质的哪些方面的性质？

生：煮面条或者蒸馒头需要加热，即与化学实验过程中对物质的加热相类似。对物质的加热主要能体现出物质的热稳定性。

师：也就是说，煮面条或者蒸馒头过程中使用碳酸钠或者碳酸氢钠可能是体现出了碳酸钠或者碳酸氢钠的热稳定性,那么碳酸钠或者碳酸氢钠的热稳定性有没有区别?

生:我们在调查过程中了解到侯德榜制碱法就是利用碳酸氢钠热稳定性差,用碳酸氢钠制取碳酸钠,这就说明碳酸钠的热稳定性高。

师:如何证实你对侯德榜制碱法中对碳酸钠或者碳酸氢钠热稳定性的分析?

生1:通过实验比较两者的热稳定。根据侯德榜制碱法的原理,碳酸氢钠的分解产物中有气体产生,所以$NaHCO_3$分解后质量应该会减少,而Na_2CO_3质量不会随着温度的升高而减少,可以根据反应前后固体质量的变化来分析。

生2:碳酸氢钠的分解产物中有水蒸气和CO_2气体产生,可以通过观察试管中是否有水珠以及用澄清石灰水检验CO_2气体。而Na_2CO_3不会有这些现象产生。

设计意图:通过对生活中问题的思考,引导学生通过"煮面条或者蒸馒头"产生对碳酸钠和碳酸氢钠热稳定性的研究,进而再根据侯德榜制碱法引导学生对碳酸钠和碳酸氢钠热稳定性差异性的研究,这样就能不断强化学生研究化学物质的认知视角和认知思路,构建学生形成认知化学本质的学科观念。

任务2:碳酸钠和碳酸氢钠热稳定性的实验探究

师:这两位同学的分析都有一定的合理性,请大家结合我们的实验仪器和药品思考,哪种方法更容易在我们现有的实验条件下完成实验过程?

生:通过对比实验,观察试管中是否有水珠以及用澄清石灰水来检验是否有二氧化碳气体生成。

师:请大家按照实验小组合作完成对碳酸钠和碳酸氢钠热稳定性的实验设计方案,并完成过程,要求仔细观察实验现象并记录观察结果。

提示:观察重点:加热过程中固体有什么变化?加热时如何能看到有水产生?澄清的石灰水有什么变化?

生:分组设计如下实验装置,完成实验过程,并对实验现象进行分析。

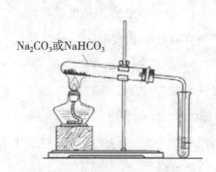

Na_2CO_3或$NaHCO_3$

图6-3 碳酸钠或碳酸氢钠的反应

结论：碳酸氢钠受热分解为碳酸钠、水和二氧化碳，即$2NaHCO_3 \stackrel{\triangle}{=\!=\!=} Na_2CO_3 + H_2O + CO_2\uparrow$，而碳酸钠受热不分解，即碳酸钠稳定性大于碳酸氢钠。

师：请大家从热稳定性的角度分析思考蒸馒头、制作面包要使用碳酸钠还是碳酸氢钠呢？为什么？

生：要使用碳酸氢钠，因为碳酸氢钠能受热分解释放出二氧化碳气体，使面团膨胀发酵，从而使面团达到蓬松的效果。

设计意图：通过设计对比实验，完成对碳酸钠和碳酸氢钠热稳定性的探究过程，发展学生实验设计能力和科学探究能力，同时引导学生更加深刻地了解对比实验的方法，认识到对比这种科学方法，另外通过引导学生对实验现象的归纳总结认识碳酸钠和碳酸氢钠热稳定性的差异，初步形成基于实验事实认识物质性质的思维模型。

任务3：碳酸钠和碳酸氢钠与酸反应的研究思路的建立

师：初中我们已经知道碳酸钠和碳酸氢钠作为碳酸盐均可与盐酸反应，那么碳酸钠和碳酸氢钠分别与酸反应有什么相同和不同之处呢？

生：我们在调查过程中了解到面粉的主要成分为淀粉，做馒头或者做面条时的面粉在醒面（发面）的过程中淀粉会产生有机酸，碳酸氢钠不仅可以中和生成的有机酸，而且产生的二氧化碳气体使得馒头更蓬松，口感更好。而蒸馒头不用碳酸钠，说明碳酸钠与酸的反应和碳酸氢钠与酸的反应应该不完全相同。

师：可以用生活中的知识分析化学问题，说明大家已经形成了研究化学物质的认知视角和认知思路，这也是我们学习化学过程中应该具备的思维方法。那么请大家思考：究竟有什么不同呢？

提示：做馒头需要产生二氧化碳使得馒头更蓬松，那么需要的二氧化碳多还是少？需要产生得快还是慢？这是不是能体现碳酸钠与酸的反应和碳酸氢钠与酸的反应的差异性？

生：（恍然大悟）可能碳酸钠与酸的反应产生的二氧化碳少或者反应比较慢，这样导致馒头蓬松程度差？

师：我们用相同物质的量的碳酸钠和碳酸氢钠与盐酸反应，请大家预测反应结果如何？怎样证实你的猜想是否合理？

生1：从生成物的视角考虑。两种物质中碳元素的物质的量相同，依据原子守恒，相同物质的量的碳酸钠和碳酸氢钠与稀盐酸反应后产物中CO_2的量（体积）也应该相同。

生2：从反应物的视角考虑。$NaHCO_3$和Na_2CO_3均与酸反应生成CO_2，即最后都生成H_2CO_3。HCO_3^-只需要结合一个H^+即可生成H_2CO_3，也就是CO_2。而CO_3^{2-}需要连续结合两个

H^+才能生成H_2CO_3。HCO_3^-与酸反应是一步反应,而CO_3^{2-}与酸反应是两步反应,即$NaHCO_3$与酸反应生成CO_2的速率快。

生3:根据前面同学的分析还可以预测$NaHCO_3$与酸反应消耗的酸较少(是Na_2CO_3的一半)。

设计意图:通过对生活中问题的思考,引导学生通过"碳酸氢钠中和发面过程中产生有机酸"对碳酸钠和碳酸氢钠与酸反应的研究,进而引导学生对碳酸钠和碳酸氢钠与酸反应的差异性的研究,通过引导学生从反应物和生成物的视角预测碳酸氢钠与酸反应的差异性,不断强化学生从"物质类别和组成"这一化学物质的认知视角研究物质性质的认知思路,强化"物质的结构(组成)决定物质的性质"的思维观念。

任务4:碳酸钠和碳酸氢钠与酸反应的探究

师:请大家思考这些同学分析的合理性,然后结合我们的实验仪器和药品思考,怎样控制用量完成实验过程?

生:通过对比实验,用相同浓度和用量的盐酸分别与相同质量的碳酸钠和碳酸氢钠反应,观察反应的快慢以及测定生成二氧化碳的体积的多少(通过气球体积的变化来确定反应快慢以及二氧化碳气体的体积)。

师:请大家按照实验小组合作完成对碳酸钠和碳酸氢钠与盐酸反应的实验设计方案,并完成过程,重点是要考虑控制反应物的用量相同,这样便于比较实验结果,同时要注意观察实验现象并记录观察结果。

提示:观察重点:反应过程中气球膨胀的快慢和反应结束后气球体积的大小关系。

生:分组设计实验,完成实验过程,并对实验现象进行分析。

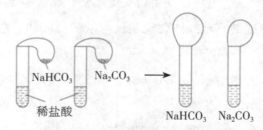

图6-4 Na_2CO_3、$NaHCO_3$与稀盐酸的反应

结论:碳酸氢钠的气球膨胀得快且气球的体积更大,即碳酸钠和碳酸氢钠都易与盐酸反应,但是碳酸氢钠与盐酸的反应比碳酸钠更剧烈(更快),相同质量的碳酸氢钠生成的二氧化碳气体更多。

分析:碳酸钠和碳酸氢钠与盐酸反应的实质为碳酸钠分两步与盐酸反应,所以消耗的盐酸多，生成二氧化碳的速率慢。

$$Na_2CO_3 + HCl == NaCl + NaHCO_3$$
$$NaHCO_3 + HCl == NaCl + CO_2\uparrow + H_2O$$

即碳酸钠分两步与盐酸反应，只有在第二步才有气体产生，而碳酸氢钠直接进入后一步：$NaHCO_3 + HCl == NaCl + CO_2\uparrow + H_2O$，直接生成气体放出，缩短了反应时间，所以碳酸氢钠与盐酸的反应比碳酸钠与盐酸剧烈得多。另外，每84 g（1 mol）碳酸氢钠就可以产生1mol二氧化碳气体，而另外每106 g（1 mol）碳酸钠才可以产生1 mol二氧化碳气体，即相同质量的碳酸钠和碳酸氢钠相比，碳酸氢钠生成的气体多。

师：消耗酸的用量如何？

生：根据方程式中的物质的定量关系可以看出每1 mol碳酸氢钠消耗1 mol盐酸就可以产生1 mol二氧化碳气体，而每1 mol碳酸钠消耗2 mol盐酸才可以产生1 mol二氧化碳气体，即生成相同的二氧化碳气体，碳酸氢钠消耗的盐酸少。

设计意图：通过设计对比实验，引导学生完成从定量视角设计实验并完成实验过程，不仅有助于加深学生对碳酸钠和碳酸氢钠与酸的反应以及转化的理解，还有助于引导学生完成从宏观现象到微观本质的探究，加深学生对质、量互变规律的认识，体现了科学知识的化学学科特色，进一步形成基于实验事实认识物质性质的思维模型。

环节三：新知的应用

师：根据Na_2CO_3和$NaHCO_3$性质的异同，思考为何做馒头时要使用$NaHCO_3$，而不使用Na_2CO_3？为何在做面条时要使用Na_2CO_3？

生：做馒头时，相同质量的$NaHCO_3$可以消耗更多的在发面过程中产生的有机酸、生成更多的二氧化碳气体，而且生成二氧化碳气体的速率更快，同时蒸馒头过程中的高温可以使$NaHCO_3$分解产生更多的二氧化碳气体，所以做馒头时使用$NaHCO_3$可使馒头更加酥软蓬松，口感更好。

展示资料卡片：发酵粉的成分和发酵原理。

> 发酵粉是一种复合添加剂，主要用作面制品和膨化食品的生产。发酵粉中含有许多物质，主要成分为碳酸氢钠和酒石酸。酒石酸是一种固态酸。当碳酸氢钠、酒石酸与水和酸接触时，就会生成二氧化碳释放，但不产生风味物质，因此产品的味道不会受到影响。同时发酵粉中的碳酸氢钠会中和面粉发酵过程中产生的酸，产生二氧化碳；碳酸氢钠通过高温分解产生二氧化碳，二氧化碳是气体，使馒头膨松；在高温条件下，二氧化碳逸出，使馒头松软可口。

思考：发酵粉中为何要添加酒石酸？碳酸氢钠在发酵过程中的作用体现出了哪些化学性质？

师：（补充）做面条醒面时也会产生少量的酸性物质，这些酸性物质会使面团变得黏稠，难以加工和烹饪。而碳酸钠可以中和面团中的酸性物质，碳酸钠的中和作用可以使面团的酸碱度保持在适宜的范围内，使面团更易于加工和烹饪。在烹饪过程中，面条会受到水的冲击和高温的影响，容易变得软烂，而碳酸钠可以使面条中的蛋白质分子更加紧密地结合在一起，形成更加坚韧的结构，使面条更有弹性，不易变形，这样的面条更劲道，口感更好。同时，碳酸钠还可以使面条的颜色更加鲜艳。

结论：做面条和蒸馒头过程中分别使用了碳酸钠和碳酸氢钠，这体现出了碳酸钠和碳酸氢钠性质的不同之处，也有碳酸钠和碳酸氢钠性质的相同点。所以碳酸钠和碳酸氢钠性质的应用也有相同之处和不同点，这也体现出"性质决定用途"的化学观念。请大家思考并回答下列问题：

问题1：大棚中的蔬菜需要合适的温度、阳光和适量的 CO_2，结合 Na_2CO_3 和 $NaHCO_3$ 的性质差异，如何增加蔬菜大棚里 CO_2 的含量？

结论：$NaHCO_3$ 的受热分解可以生成 CO_2，$NaHCO_3$ 和 Na_2CO_3 与酸反应也可以生成 CO_2，但是由于加热容易有危险和浪费能源，所以最好选择 $NaHCO_3$ 或 Na_2CO_3 与酸反应生成 CO_2 来增加大棚里的 CO_2 含量。

问题2：当遇到被蜜蜂或黄蜂叮咬时，蜜蜂的毒液显酸性，黄蜂的毒液显碱性，选择家庭中的什么生活用品进行救助？分组讨论，汇报总结。

结论：当遇到被蜜蜂或黄蜂蛰时，依据毒液的性质选择合适的解毒试剂。当毒液显酸性时，可以选择家中的食用碱、肥皂等碱性材料涂抹皮肤；当毒液显碱性时，可以选用食醋涂抹皮肤。

设计意图：实践出真知，性质决定应用。通过对碳酸钠和碳酸氢钠在生产生活中用途的异同点的对比分析，进一步理解碳酸钠和碳酸氢钠性质的差异性与相同点。强化"在生产生活中学习化学、用化学的视角和化学原理解决生产生活中的实际问题"的学科理念，实现化学课堂教学活动从"解题"到"解决实际问题"的根本性转化，进而落实新课程教学目标。

【教学反思】

（一）创设有探究价值的真实情境促进学生产生主动探究的愿望

以生产生活中的化学问题作为探究的起点和主线，也是本节课教学活动的核心。本节课在结合学生已有知识储备的条件下，结合课标要求"在真实情境中的应用实例或通过实验探究，了解钠及其重要化合物的主要性质，了解它们在生产、生活中的应用"，创设了两个真实的生活情境诱导学生产生问题进而产生主动探究的愿望：从课前大调查中提取出"制作面条或者馒头的面条制作或面粉发酵时常常用到纯碱或小苏打"进而产生主动探究碳酸钠和碳酸氢钠性质的愿望，然后再引导学生从"热稳定性"的视角探究碳酸钠和碳酸氢钠的性质；再通过"做馒头"一般用碳酸氢钠而不用碳酸钠说明碳酸钠与酸的反应和碳酸氢钠与酸的反应应该不完全相同，进而产生主动探究二者与酸的反应实质的愿望。

（二）创设的真实情境要与学生的生活经验密切相关

兴趣是刺激学生主动探究的内驱力，而学生的生活经验是学生产生兴趣的关键，所以创设的教学情境应与学生紧密相关的生活常识、社会中的化学问题、熟悉的科学史实或高科技等有关，这样才能引发学生产生要探究的真实问题。基于以上考虑，本课时关于碳酸钠、碳酸氢钠与酸反应和稳定性的学习，就是结合碳酸钠、碳酸氢钠的应用和以"蒸馒头、煮面条"作为生活情境，激发学生探究碳酸钠与碳酸氢钠热稳定性的动力。同时在课的结尾又以"大棚蔬菜种植过程中如何增加蔬菜大棚里CO_2的含量"来引导学生结合碳酸钠与碳酸氢钠的化学性质解决生产生活中的实际问题，这样更有利于引导学生建立"化学来源于生产生活，化学服务于生产生活"的科学观念。

（三）创设的真实情境应具有一定的启发性

问题情境要有助于培养学生的问题意识，因此，教师在教学活动中要有意识地引导学生和鼓励学生。本课时是在学生已熟知一些知识的基础上创设了问题情境，这样可以启发学生的思维，有助于强化学生的问题意识和研究化学问题的思维视角，避免学生长期在教学活动中被告知学习内容和学习结果而导致学生的思维能力严重被弱化。我们要在教学过程中在学生已熟知的问题情境上产生新的问题。同时课堂教学不仅仅是解决问题的终点，还应该是产生新问题的起点，要引导学生认识到学习的化学知识要服务于生活生产，解决生活生产中的问题，解释生活生产中的化学原理，将求知的视角延伸到课外，延伸到人类社会发展的历史长河中，这样不仅能让学生认识到化学和生活生产的紧密关系，还知道化学是不断发展和完善的，这对学生的思维锻炼具有重要的意义。

（注：本教学案例是由冯新平设计并在兰州市第27中学"名师课堂"校本教研活动中展示的课堂教学实录）

《Fe²⁺、Fe³⁺的检验及其应用》教学设计

【教材分析】

该教学内容选自人教版必修第一册第三章第一节《铁及其重要化合物》，涉及铁的重要化合物的性质，Fe^{2+}、Fe^{3+}的检验、相互转化及应用。承上，复习了活泼金属钠及其化合物的知识，学生逐步形成了认知元素化合物的思维模型的雏形，在此基础上，引导学生分析铁的价态变化，预测其化学性质，通过启发学生从氧化还原反应的视觉理解转化的实质，利用类–价二维坐标图总结含铁物质间的相互转化关系，使学生对铁及其化合物性质的认识更完整化、系统化；启下，在构建铜及其化合物转化的价–类二维坐标图的拓展应用，以及为促进后续对氯、硫、氮等非金属元素内容的学习做好铺垫。

【学情分析】

在知识储备上，大多数学生对所学内容并不陌生，已了解Fe^{2+}、Fe^{3+}的重要性质、检验、相互转化的知识，也掌握了氧化还原反应和离子反应等知识；在探究能力上，已了解研究物质性质的一般步骤，并逐步具备了观察与记录、操作与设计、分析与归纳、推理与演绎等能力。但缺乏知识网络的完整性、知识结构的关联化，没有形成结构化的认识思路，不能将所学元素知识有效迁移到解决实际问题中去的能力。因此我们的教学切入点是激活沉淀在学生大脑中的知识，将苏醒的知识进行整合和关联，引导学生在对事物变化的本质特征、构成要素及相互关系的认识基础上，对物质的变化提出可能的假设，建立一种合理的化学模型，以解释相关化学问题，实现在真实情境中对学科知识的深度学习。

【课标要求】

结合真实情境中的应用实例或通过实验探究，了解铁及其重要化合物的重要性质，了解这些物质在生活、生产中的应用。

【设计理念】

新课标强调，课堂教学要创设真实的教学情境，通过学习活动使学生具有"必备知识向核心素养转化的关键能力"，要实现"以核心素养为教学宗旨，以真实情境为教学载体，以实际问题为教学任务，以化学知识为解决问题的工具"的化学要求，让学生在真实情境中思维深刻地解决实际问题，所以学习活动要以生产生活中与Fe^{2+}、Fe^{3+}相关的情境素材为载体展开，通过真实情境构建学生学科观念和思维模式，逐渐形成探究能力，通过在真实而复杂的情境中提出问题，开展体验和探究活动，训练和运用化学特征的思维方式，获得问题解决的方案和结果，能够激发学生的兴趣，为学生探究解决问题提供持久的推动力。

【教学目标】

1. 让学生从真实生活、生产情境中感悟掌握化学知识与化学能力的重要性，培养学生的宏观辨识、微观探析、变化观念、证据推理、模型认知等学科核心素养。

2. 通过阅读资料、开展体验和探究活动、观察实验现象等途径和方法获取、表征、领悟有关信息，寻找相关证据，对证据进行评价应用，体验主动探究的学习乐趣。

3. 通过选取不同真实情境素材、以不同角色运用必备知识和关键能力去解决实际问题，从而达到全面考查考生学科核心素养的目的，从而体现新高考核心内容、核心要求、核心载体三位一体的素质评价体系。

【教学过程】

任务一：贫血补铁寻药物

师：（PPT展示一张血红蛋白偏低的验血化验单）请观察、诊断这位患者得了什么病，该怎么治？

教师展示资料卡片：关于血红蛋白的分子结构和生理功能。

生：贫血，补铁。

师：对，补铁！铁元素通常有0、+2、+3三种价态，应该补哪种？

生：Fe^{2+}是运输氧的载体，俗话说"缺什么补什么"，自然是补Fe^{2+}！

角色1：请你当医生：为贫血患者开一种食补的疗方或一副药单。

生：食补的疗方：可选用红枣、菠菜、猪肝、木耳等；药单：可选用$FeCl_2$、$FeSO_4$等含亚铁离子的盐。

设计意图：通过创设生活情境——一张血红蛋白偏低的验血化验单，以医生的身份，阅读相关资料，收集证据，直面贫血需补铁的现实问题，衍生出贫血补铁寻药物的任务，生动体悟化学知识的应用价值。

任务二：铁剂保效揭本质

师：（展示图片）这是一瓶硫酸亚铁片，市面上最常用的补铁剂。为什么要用特制的糖衣包裹呢？请从亚铁离子可能具有的化学性质角度提出猜想。

生：从化合价来看，亚铁离子具有还原性，如果不包裹一层糖衣，很容易被空气氧化为三价铁离子而变质。

师：那你怎么知道补铁剂有没有变质呢？补铁同时还要注意哪些问题？为了解决这些问题，需要我们先来共同探究"Fe^{2+}、Fe^{3+}的检验及应用"。你是如何检验Fe^{2+}、Fe^{3+}的？

生：方法一是观察颜色，即Fe^{2+}为浅绿色，Fe^{3+}为黄色；方法二是与氢氧化钠溶液反应，观察现象及生成物的颜色，即Fe^{3+}有红褐色沉淀生成，Fe^{2+}先有白色沉淀产生，迅速转为灰绿色，放置一段时间后变为红褐色；方法三是与KSCN溶液反应，Fe^{3+}溶液变成血红色，Fe^{2+}溶液无明显现象。

角色2：实物展示：请你当质检员，检验一下这瓶乳酸亚铁口服液有没有变质。

质检员：取适量乳酸亚铁口服液于试管中，滴加硫氰化钾溶液，无明显现象，说明亚铁离子没有变质。

师：加硫氰化钾溶液无明显现象，能说明这瓶口服液一定是真的吗？（停一会儿）如果没有亚铁离子呢？如何进一步确定？

生：向上述溶液中继续滴加过氧化氢，溶液变成血红色。

师：据此实验验证，我们可以确信这瓶口服液是真的，而且没有变质。由此我们可以得出，用硫氰化钾溶液与过氧化氢或氯水来检验亚铁离子的方法，即取原溶液少许于试管中，先加硫氰化钾溶液无明显现象后，再加氯水或过氧化氢，若溶液变为血红色，则证明含亚铁离子。

师：请同学写出反应原理。

学生板书原理反应：$2Fe^{2+} + H_2O_2 + 2H^+ \rm{=\!=\!=} 2Fe^{3+} + 2H_2O$

师：有没有更快速、更灵敏的检验亚铁离子的方法呢？怎么操作？

生：用铁氰化钾溶液：取待测液少许于试管中，滴加铁氰化钾溶液，若有蓝色沉淀生成，则证明是亚铁离子。

师：这瓶口服液中亚铁离子未被氧化为三价铁离子，说明这瓶口服液防氧化措施做得很好，它是怎么做到的呢？

生：棕色瓶、密封性好。

师：非常好，观察得很仔细，也很会学以致用。大家还有其他措施吗？展示包装盒上的醒目大字：乳酸亚铁＋维生素C。

师：请问这里的维生素C起什么作用？具有什么性质？

生：有还原性，可防止亚铁离子被空气氧化。

师：如何验证维生素C具有还原性？请继续设计实验。

生：向前面检验三价铁离子滴加硫氰化钾呈血红色的溶液中加维生素C，观察血红色褪去。

师：贫血患者补铁时还需要注意哪些问题？

生：防止亚铁离子被氧化，可同时服用维生素C等。

教师展示补充资料——补铁时还需要注意的问题。

设计意图：以常用的补铁剂"硫酸亚铁片为什么要用糖衣包裹？"为问题情境，创设"铁剂保效揭本质"的任务，让学生作为质检员进入角色，综合运用Fe^{2+}、Fe^{3+}的检验和性质等知识去自主探究检验补铁剂是否变质的方法和保效的措施，综合检测并巩固提升学生"实验探究，宏观辨识，微观探析，证据推理，科学态度与社会责任等"核心素养。

任务三：模型认知探新知

师：将三价铁离子还原为亚铁离子，除维生素C外，还可以被哪些物质还原呢？

生：用铁粉、铜片等具有还原性的物质。

师：能否通过设计实验验证？

生：取血红色溶液少许于试管中，加一小勺铁粉，观察现象：血红色全部褪去，由此说明，铁粉可以防止亚铁离子被氧化。

师：这个反应的应用在前面的试剂中已有体现，大家注意观察。

生：保存硫酸亚铁时，加适量铁粉或铁钉，防止亚铁离子被氧化。

师：铜真的能还原三价铁离子吗？如何设计实验验证？

生：用棉签蘸上三氯化铁溶液，在铜板上写下一行字，并展示。

生1：我写了"金榜题名"，在这里祝同学们学业有成，金榜题名！

生2：我写了"清北"，祝愿大家向着清华北大奋进，圆君大学梦！

生3：（羞答答地）我随手写了"莉"，希望她能考上心仪的大学，开心、快乐！

（学生边听边爆发出热烈的掌声）

师：请同学分别写出Fe^{3+}与Fe、Cu反应的方程式。

生：$2Fe^{3+} + Fe == 3Fe^{2+}$、$2Fe^{3+} + Cu == 2Fe^{2+} + Cu^{2+}$。

师：该反应在工业上有重要的应用——制作传统印刷电路板，而上述反应也用来回收印刷电路板废液中的铜、铁等元素。

设计意图：学生自主提出假设，进行证据推理，建立基于价-类二维认识模型的转化观，搭构"铁三角"认知模型，形成变化观念、平衡思想和模型认知的化学思维学习方法，达到概念建构、方法体验和素养提高的学习目标。

角色3：实战演练——请你当工程师

电子工业常用30%的$FeCl_3$溶液腐蚀敷在绝缘板上的铜箔，制造印刷电路板。

（1）检验溶液中Fe^{3+}存在的试剂是_____，证明Fe^{3+}存在的现象是_____。

（2）写出$FeCl_3$溶液与金属铜发生反应的化学方程式：_____。

（3）某工程师为了从使用过的腐蚀废液中回收铜，并重新获得纯净的$FeCl_3$溶液，准备采用下列步骤：

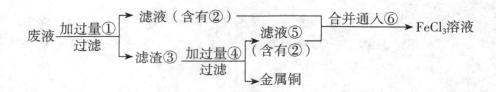

a. 请写出上述实验中③的化学式：_____。

b. 配制并保存硫酸亚铁溶液时，常在其中加入_____。

c. 要证明某溶液中不含Fe^{3+}而可能含有Fe^{2+}，进行如下实验操作时的最佳顺序为_____。

①加入足量氯水　②加入足量NaOH溶液　③加入少量KSCN溶液

A. ①③　　　　　B. ③②　　　　　C. ③①　　　　　D. ①②③

d. 写出向②⑤的合并液中通入⑥的离子方程式：_____。

设计意图：让学生在真实的情景素材下以一名工程师的角色运用必备知识和关键能力去解决实际问题，从而达到全面考查考生学科核心素养的目的。

【教学反思】

（一）生活情境引领，探究任务驱动，素养目标落实

真实具体的情境是学生核心素养形成发展的重要平台，也是考试评价的重要载体。本课以常用的补铁剂为情境，重构教学过程，创新设计了"贫血补铁寻药物""铁剂保

效揭本质""模型认知探新知"三个环环相扣的教学任务，让发展学生化学学科核心素养的目标落地有声。在完成"贫血补铁寻药物"的任务中，直面贫血需补铁的现实问题，让学生生动体悟化学知识的应用价值；在完成"铁剂保效揭本质"的任务中，学生自主探究检验补铁剂是否变质的方法和保效的措施，自主发现问题，体验探究，形成认知，落实宏观辨识、微观探析、实验探究、证据推理、科学态度与社会责任等核心素养；在完成"模型认知探新知"的任务中，学生自主提出假设，主动探索，获取问题解决的方案和结果，形成分类观、价态观、实验观、转化观、变化观、平衡观，达到概念建构、方法体验、证据推理、模型认知素养提高的学习目标。

（二）问题导向分明，角色体验真实，课堂教学鲜活

本节课借助真实的情景素材来丰富学生的认知体验，通过设计导向分明的问题链来启发学生自主探究，并以扮演不同的角色开展活动，通过问题的解决来实现教学目标。真实问题的解决过程为学生解决问题提供持久的推动力。将亚铁离子和三价铁离子的检验和转化巧妙地融合在问题解决过程中，通过方案设计、探究活动发展学生的关键能力和化学认知思维。又通过不同角色的扮演，让学生身临其境，从物质类别、元素价态角度预测物质性质，利用实验去实现和验证物质的转化，最终引导学生自主构建元素及其化合物的认知与转化模型，有效发展学生的化学思维素养。

（注：本教学案例是作者指导黄娜老师参加兰州市第27中学说播课比赛获得二等奖的课堂教学实录）

《原子结构与元素周期表》（第1课时）教学设计

【教材分析】

本节课使用教材为2019年人教版普通高中化学必修1，内容为第四章《物质结构元素周期律》第一节《原子结构与元素周期表》，本节包括原子结构、元素周期表、元素性质等内容。教材中心配套的教师教学用书建议课时为四课时，第一课时为本节第一部分内容——原子结构。

《普通高中化学课程标准》（2017年版）中对"原子结构与元素周期律"的内容要求是：认识原子结构、元素性质与元素在元素周期表中位置的关系；知道元素、核素的含义，了解原子核外电子的排布；结合有关数据和实物事实认识原子结构、元素性质呈周期性变化的规律，建构元素周期律；知道元素周期期表的结构，以第三周期的、铁、铝、硅、硫、氯，以及碱金属和卤族元素为例，了解同周期和主族元素性质的递变规律；体会元素周期律（表）在学习元素化合物知识与科学研究中的重要作用。

《普通高中化学课程标准》（2017年版）中对"物质结构基础与化学反应规律"的教学策略建议是：教学中应注重运用实验事实、数据等证据素材，帮助学生转变偏差认识；注重组织学生开展概括关联、比较说明、推论预测、设计论证等活动；发挥重要知识的功能价值，帮助学生发展认识化学反应的基本角度，形成基本观念。学业要求是：能画出1～20号元素的原子结构示意图，能用原子结构解释元素性质及其递变规律，并能结合实验及事实进行说明；能利用元素在元素周期表中的位置和原子结构，分析、预测、比较元素及其化合物的性质。

物质结构和元素周期律是中学化学的重要基础理论知识，也是中学化学教学的重要内容。原子结构奥秘的揭示是元素周期表趋于完美的关键。所以，教材以原子结构知识为基础，先介绍原子结构（"构"）与元素周期表（"位"）的关系：从原子核外电子数不同的角度，介绍周期表的结构（"位"）；从原子核内中子数不同的角度，介绍核素（同位素）。在"构""位"关系的基础上，通过元素周期表中两族元素的性质，建构出"构""位""性"的关系，使学生初步认识同类物质的共性及性质变化规律，形成"结构决定性质"的观念。

【学情分析】

关于原子结构，通过初中学习，学生已有了一定的知识储备，但都是结论性的，高中阶段的化学学习以化学史为线索，深入挖掘相关知识，使隐性知识显性化，以满足学生对原子结构的探索欲望，帮助学生提高化学学科核心素养。第一章"方法导引"介绍了科学方法模型，而本节呈现的"科学史话"中原子结构模型的演变，有利于学生进一步理解科学模型的含义，将学生置身于历史情境中，使他们体验原子结构模型的建立、修正、完善的过程，体会到理论的暂时性。在现代原子结构模型演变的不同阶段，科学家提出的每个新的模型总是建立在证据推理的基础之上，每个模型都体现了当时科学家对原子的一种认识。因此，本节课的教学重点是通过对"构"的认识，使学生认识到科学理论并非亘古不变的永恒真理，科学始终经历着推翻与革新。

本节课的教学难点是打破已有认知，从证据出发，解决问题。

【教学目标】

1. 通过介绍原子结构模型的演变历程，使学生认识到从宏观和微观结合的视角分析与解决实际问题的方法和重要性。

2. 通过介绍科学家构建模型的过程，使学生知道科学研究过程中常需要依据物质及其变化的信息建构模型，提高学生的模型认知能力。

3. 通过介绍每种模型的演变，培养学生崇尚科学真理、不迷信书本和权威的科学态度。

4. 在学习完原子结构的演变历程后，学生能够知道原子的结构、原子中各粒子间的关系以及原子核外电子的排布规律。

【评价目标】

1. 通过对卢瑟福α粒子散射实验的现象解释，诊断并发展学生证据收集和分析的能力和水平。

2. 通过让学生寻找原子中各种粒子的关系，诊断学生获取和处理数据的能力。

3. 通过教材中的"思考与讨论"（寻找原子核外电子的排布规律），诊断学生基于数据构建模型的能力。

【教学与评价思路】

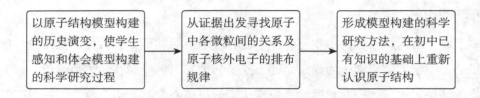

以原子结构模型构建的历史演变，使学生感知和体会模型构建的科学研究过程 → 从证据出发寻找原子中各微粒间的关系及原子核外电子的排布规律 → 形成模型构建的科学研究方法，在初中已有知识的基础上重新认识原子结构

【教学过程】

教师展示初中化学课本上与原子相关的知识。

学生观看、回忆并思考。

师：同学们知道看似简单的这些知识是怎么得到的吗？今天就让我们追随着科学家的脚步一起来重新认识原子结构模型的发展过程。

材料1：道尔顿的"实心球原子模型"。

师：通过材料请同学们找出道尔顿提出"原子"这一概念的背景是什么？他又是怎样验证其正确性的？

生：道尔顿在研究气体的物理性质的基础上得到他的原子学说，然后用倍比试验加以证实。

师：道尔顿的实心球原子模型学说流行了近百年，请同学们阅读下列材料，找出该模型为什么被修正。

材料2：汤姆孙的"葡萄干布丁模型"。

生：英国科学家汤姆孙研究阴极射线时发现所有原子中都含有带负电荷的电子，并测出其荷质比，证明原子并不是实心球，据此提出"葡萄干布丁模型""枣糕模型"。

师：电子真的是像葡萄干镶嵌在布丁里这样分布在原子里的吗？如果你是生活在当时的一名好学青年，面对这样一个重大的学术问题，你能给出怎样的实验方案对汤姆孙的模型证实或证伪呢？

学生困惑、迷茫。

师：同学们可以结合我们在宏观世界遇到的类似问题，比如我们怎么知道我手里拿的这个核桃是空的还是饱满的？

生：砸开看看。

师：对，砸开看看。1909年，汉斯·盖革和恩斯特·马斯登在欧内斯特·卢瑟福的指导下于英国曼彻斯特大学做了一个著名的"砸"原子物理实验——α粒子散射实验。

材料3：卢瑟福的α粒子散射实验及现象。

学习任务一：①α粒子出现大角度偏转，有没有可能是与原子中的电子碰撞造成的，为什么？②按照汤姆孙的"枣糕模型"，α粒子穿过原子内部后有没有可能出现大角度偏转？从中你能得到什么启示？③你认为原子中正电荷如何分布，才会造成α粒子大角度偏转？

生1：根据材料，α粒子质量远大于电子质量，所以α粒子出现大角度偏转，不可能是与原子中的电子碰撞造成的。

生2：如果按照汤姆孙的"枣糕模型"，α粒子应很轻松地穿过原子内部，更不可能出现大角度偏转，所以我得到的启示是真实的原子并不像是汤姆孙描述的那样。

生3：原子中的正电荷应该聚集在原子中心很小的空间内。

师：同学们回答得非常好。卢瑟福在解决了这些问题后，对汤姆孙的原子模型进行了修正。他认为在原子的中心有一个带正电荷的原子核，它的质量几乎等于原子的全部质量，电子在它的周围沿着不同的轨道运转，就像行星环绕太阳运转一样。1919年，英国物理学家卢瑟福发现质子；1932年，英国物理学家查德威克发现中子，这才有了我们现在所熟悉的原子结构。那构成原子的微观粒子间又有怎样的关系呢？

学习任务二：分析数据，总结构成原子的微观粒子间的关系。

构成原子的粒子	电子	质子	中子
质量/kg	9.109×10^{-31}	1.673×10^{-27}	1.675×10^{-27}
相对质量	1/1837	1.007	1.008
电量/C	1.6×10^{-19}	1.6×10^{-19}	0
电性	−1	+1	0

① 在原子中，质子数、核电荷数和核外电子数之间存在着怎样的关系？为什么？②原子的质量主要由哪些微观粒子决定？③如果忽略电子的质量，质子、中子的相对质量分别取其近似整数值，那么原子的相对质量在数值上与原子核内的质子数和中子数有什么关系？

生1：因为整个原子是电中性的，一个质子带一个单位正电荷，中子不带电，一个核外电子带一个单位负电荷，所以质子数＝核电荷数＝核外电子数。

生2：根据表中数据，电子的质量相对于质子和中子太小了，可以忽略，所以原子的质量主要由质子和中子决定。

生3：因为忽略了电子质量，所以原子质量＝质子质量＋中子质量，则原子相对质量＝质子相对质量＋中子相对质量，而一个质子和一个中子的相对质量近似为1，所以原子相对质量≈质子数＋中子数。

师：我们根据科学家测出的数据找到了原子中各微粒间的关系，那核外的电子是怎样排布的呢？丹麦物理学家玻尔根据原子光谱进行理论分析，认为电子在原子核外空间的一定轨道上环绕原子核做高速圆周运动，既分层排布。请同学们完成课本87页"阅读与讨论"，根据图表找出原子核外电子的排布规律。

生：根据表中数据得出，各电子层最多容纳$2n^2$个电子，最外层电子数不超过8个（K层不超过2个），次外（倒数第三）层电子数不超过18（32）个；核外电子总是尽可能地先排布在能量较低的电子层上，然后由里向外，依次排布在能量逐渐升高的电子层上。

师：通过本节课的学习，我们追随着科学家的脚步重新认识了原子结构，认识到科学理论并非是亘古不变的永恒真理，科学始终经历着推翻与革新。那原子核外的电子到底是怎样运动的呢？同一层中的电子能量和运动状态是否相同呢？我们在今后的学习中再来解决。

作业设计：①通过网络、书籍、杂志查阅有关原子结构模型演变的人和事，了解化学史，体会证据在模型建立中的重要作用。②用生活中的常见材料（如超轻黏土、水晶泥、泡沫板、瓜子仁、枣核等）制作原子的枣糕模型、轨道模型，用宏观视觉理解原子的微观构成。

【教学反思】

本章内容总共三节，第一节《原子结构与元素周期表》教参建议四课时，按照课时建议第一课时为原子结构，知识层面看起来很简单，似乎用不了多少时间就能解决，但新课改的最大特点就是对学生核心素养的培养和提升，所以这节课充分挖掘了教材中的科学史话，以原子结构模型的演变为主线，让学生在证据中认识原子结构模型的构建与修正，深刻体会证据推理和模型认知在化学学科中的重要价值。

学生似乎已经习惯了结论性的知识拿来直接应用，缺乏证据意识和推理能力，在本节课的课堂实践中学生有些不太适应，如对于质量数与质子数、中子数的关系，学生张口就来，但不会用图表中的数据加以证明，在寻找原子核外电子排布规律时不知道用表中的哪些数据得出结论，因此学生核心素养的培养不可能是一朝一夕就能达到的，需要教师长期研究并加以引导，是一项艰辛而漫长的工作。

教学中应突出知识的进阶，哪些是已有知识，哪些是新知识，知识之间如何衔接，教材上为什么要讲这些东西，备课时要认真研究。要以学定教，问题的设置要精准有效，这样才能有助于学生思维的发展和提升，课堂要确立学生的主体和教师的主导地位，使课堂有效、高效。

　　（注：本教学案例是作者指导郭永恒老师于2021年参加兰州市"第三届优质课"课堂教学比赛获一等奖的课堂教学实录，同时本教学案例还获得兰州市第三届优质课比赛优秀教学设计奖）

《化学键》（第1课时）教学设计

【问题的提出】

核心素养是学生在学习过程中形成的适应个人终身发展和社会发展的必备品格和关键能力。在课堂教学中，教师要利用化学史素材创设教学情境，让学生置身于科学家建构化学知识的真实过程中，将知识的形成和学生的成长两条路径自然地融合起来，不仅能够激发学生的学习兴趣，还能构建学生的化学观念，所以化学史教育在落实化学学科核心素养中有着积极的、不可替代的意义和价值。

【内容分析】

"化学键"是物质结构主题的重要组成部分，是学习"结构决定性质"这一核心观念不可或缺的核心知识，是"宏观辨识与微观探析"思维方式的具体表现形式。作为体现物质结构的要素之一，化学键为学生深入认识物质内部结构、理解宏观性质和变化提供了一个新的视角与方法。同时从化学键类型的角度认识离子化合物和共价化合物，丰富了学生对化合物分类的认识；利用化学键预测和解释物质的某些性质，加深了对物质的宏观性质的认识和化学反应的本质以及转化关系的理解，同时在化学概念理解清晰的前提下，再通过引入分子间作用力与氢键的概念，并与化学键进行对比理解，形成完整的微粒间作用力的知识框架（如图6-5所示），这样有助于学生形成微粒间作用力这一知识内容的结构化，这对形成和发展学生的化学学科核心素养极为有利。

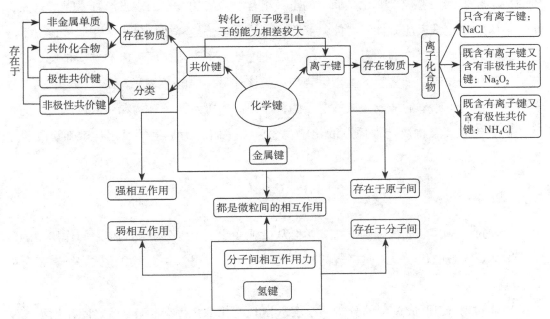

图6-5　微粒间作用力知识框架

从化学键概念的发展历程看，主要经历"原子结合成分子的过程→离子键理论→共价键理论→量子力学"几个阶段，每个阶段相互联系、层层深入，将化学键教学与化学键概念发展的历程结合起来，将有效达成概念教学的目标。所以作为构成化学键的核心内容的离子键，是理解和形成化学键概念的关键。教材通过引导学生认识构成物质的微粒之间存在相互作用，结合典型实例认识离子键，进而在引导学生认识到离子键解释微粒间关系具有局限性的基础上又引导学生认识共价键，再建立化学键概念，从化学键的角度看物质及其化学变化，其认识角度需要从微粒拓展到微粒间的相互作用，从单一的认识物质结构或化学变化转向更为综合的认识。化学键与物质结构的关系、化学键与物质性质的关系，以及化学键与化学反应的关系，由此探讨物质的宏观性质与变化的微观本质原因。与之相应的，学生在符号表征方面也要从原子结构示意图的基础上认识电子式，通过电子式的直观性、简洁性等特点帮助学生理解和掌握化学键的本质。

【学情分析】

学生从微观角度认识物质的结构、性质及变化，是伴随具体相关知识的学习而逐渐深入的。初中阶段通过分子、原子等相关知识的学习，学生的认识角度开始从宏观物质转向微观粒子。学生能够从构成物质的微粒、分子、原子角度来认识物质及其变化，知道分子、原子、离子是构成物质的基本粒子，由分子构成的物质，分子是保持其化学性质的最小粒子；知道化学变化是原子的重新组合，能够用分子的观点解释常见的现象；知道物质发生化学反应时伴随有能量变化，如物质燃烧会释放热量，水在通电情况下分解。通过氧化还原反应的学习，学生从微观角度认识了氧化还原反应的本质是反应中有电子的转移，知道原子之间的重新组合与原子核外最外层电子有关。在本章的前两节，学生进一步认识原子的构成、核外电子的排布规律，以及原子结构和元素性质之间的关系，初步建立"结构决定性质"的化学观念，上述内容为学生学习化学键知识提供了基础。

【教学目标】

1. 通过对NaCl形成过程的分析，学会从微观变化的角度分析Na与Cl之间作用力的实质，体会到宏观的化学反应是微观的粒子之间的相互作用，并能用电子式表征离子键的形成过程。

2. 通过对HCl形成过程的分析，学会从微观变化的角度分析H与Cl之间作用力的实质，体会离子键模型存在的局限性，建构共价键模型，能应用电子式表征共价键的形成过程。

3. 能从事实提取证据，对构成宏观物质的微粒及其相互作用作出分析，能建立起"宏观物质—构成微粒—微粒间的相互作用"的认识模型，为后续丰富对化学变化的认识角度、提高对化学变化本质的认知奠定基础。

4. 通过了解离子键、共价键模型的来源和演变，体验科学家的严谨论证推理，培养学生敢于质疑权威的科学精神，体会"学史明理"的内在含义。

【评价目标】

1. 通过对NaCl离子键形成过程的分析过程，丰富并诊断、发展学生用符号表征宏观物质形成本质的能力水平。

2. 通过对构成宏观物质的微粒及其相互作用的分析过程，丰富并诊断学生对化学键的认识水平及从微观本质对物质性质作出预测、解释的能力。

【教学过程】

情境素材1：元素是怎样形成化合物的，这是早期化学家共同关心的问题。最早古希腊的自然哲学家恩培多克勒提出"爱与憎"的作用形成了物质。

学生阅读、思考，交流人们对原子之间通过"爱与憎"的作用的认识的合理性与局限性。

设计意图：引导学生关注原子结合的方式，思考"爱与憎"学说的合理性与局限性，为进一步研究作用力做铺垫。

情境素材2：古希腊的德谟克利特最早提出原子论，认为原子自带"钩子"或者原子相遇可以粘黏在一起。（模型演示）

学生阅读、思考，分析原子自带"钩子"的本质与实际意义。

设计意图：引导学生分析"钩子"的合理性与局限性，为进一步研究作用力做铺垫。

情境素材3：1811年，瑞典科学家贝采里乌斯完成了他的电化学二元学说。他认为各元素的原子带有正或负电荷，由于带相反电荷，互相吸引，每个化合物都由电性相反的两个部分组成。

学生阅读、思考，讨论人类对化学键电化学二元学说理论依据。

设计意图：引导学生辩证分析"电化二元说"的正确与不足之处，引导学生分析"电化二元说"中正确的部分，学生能指出"如果带相反电荷，确实能相互吸引"，学生也利用已有的关于原子结构的认识，质疑"原子带有正或负电荷"，理性分析，为进一步研究离子键奠定基础。

情境素材4：柯塞尔测定了许多代表性的化合物的离子所带的电子数，结果是与惰性气体的某一种元素的电子数相等。因此他提出，稳定离子的形成是由原子获得或失去电子，以便达到惰性气体原子的电子结构而形成阴、阳离子，阴离子和阳离子之间由库仑力而相互吸引。随着阴、阳离子的相互接近，离子的核外电子之间以及核与核之间所产生的斥力也越来越强烈，当吸引力和排斥力达到平衡时，体系的能量达得最低值，这时阴、阳离子间距离保持恒定，于是形成了稳定的化学键。这种靠阴、阳离子的静电作用形成的化学键叫作离子键。

学生在前面分析讨论的基础上分析微粒间通过阴、阳离子的静电作用的科学性，为建立离子键的概念和理解离子键的本质奠定基础。

设计意图：电子的发现为原子结构的研究打开了新世界的大门，引导学生在已有原子结构认知的基础上，理解建立离子键模型。

活动1：在柯塞尔离子键理论的指导下，讨论完成学案上以下问题。

问题1：为什么原子会获得或失去电子？

问题2：钠离子和氯离子与哪种惰性气体的电子数相等？

问题3：钠离子和氯离子由库仑力而相互吸引，会不会完全重叠？

问题4：什么时候钠离子和氯离子间的距离保持恒定？

设计意图：学生利用已有认识，可以分析钠原子和氯原子的原子结构示意图、离子结构示意图，让学生探索体会原子变离子过程中作用力形成本质，深度理解离子键的概念。

情境素材5：咬文嚼字，从汉字和英文单词的字面意思去理解"离子键"是一种形象化的比喻，比喻带相反电荷离子之间的相互作用。

学生在4个问题分析讨论的基础上通过文字字面意义的理解，进一步认识阴、阳离子之间的相反电荷离子的相互作用，从不同视角理解离子键的本质特征。

设计意图：通过对离子键文字的解读深化学生对离子键的理解。

情境素材6：固体氯化钠不导电、熔融氯化钠导电的实验视频。

学生观看导电性实验视频，感受离子键中离子的真实存在，强化学生对阴、阳离子的直观认识。

设计意图：从宏观现象出发，思考微观实质，进一步感知离子键的存在以及离子键对物质性质产生的影响。

问题：通过用原子结构示意图表示钠和氯气形成氯化钠的过程，展示离子键的形成本质，知道离子键的形成是最外层电子的转移（得与失），与原子内部电子和原子核无直接关系，为了直观表示电子的转移，可用更简洁的化学符号表示离子键的形成过程。

活动2：学习新的符号表征方式——电子式，感受电子式所表达的化学意义以及对学习化学键的重要价值。

设计意图：电子式对于学生理解元素原子的最外层电子影响其化学性质，建构"结果决定性质，性质反映结构"的化学核心观念，提升推理思维具有很好的指导意义，也能为后续学习共价键、化学反应的本质奠定基础。

活动3：结合钠与氯的电子式完成第三周期其他元素的电子式，归纳原子电子式书写应该注意的事项，同时结合电子式的定义和特点分析并写出第三周期元素对应的简单离子的电子式，并归纳出离子的电子式书写要求和特点。

学习练习、讨论，归纳常见原子核简单离子的电子式的书写要求，进而理解电子式的本质特征。

设计意图：结合电子式的定义将钠与氯的电子式书写要求迁移到其他原子的电子式的书写，进而迁移到简单阴离子和阳离子的书写，不仅为其他物质电子式的形成过程的书写奠定基础，同时发展学生的知识迁移能力，提升学生对电子式本质的理解水平。

活动4：结合氯化钠的离子键的形成过程，完成KCl、NaI、Na_2O、$MgCl_2$、KBr、CaO、$CaCl_2$等化合物的电子式的形成过程。

学生讨论，类比、练习，归纳电子式形成过程的书写要求，通过电子式形成的过程进一步理解电子式的本质特征。

设计意图：将氯化钠电子式形成过程的书写要求迁移到离子化合物电子式的形成过程的书写，不仅为理解离子键的本质奠定基础，同时进一步强化学生的知识迁移能力，提升学生对离子键本质的理解。

活动5：结合氢原子和氯原子的原子结构特点，分析氯化氢的形成过程。

学生讨论，类比，按照氯化钠电子式形成过程的书写要求写出了氯化氢的形成过程。

问题：这样的书写是否正确？氯化氢形成过程中，氯原子是否会失电子而将电子转移给氢原子？

设计意图：引导学生认识离子键理论的局限性，感受共价键形成与离子键形成的本质差异。

情境素材7：1923年，美国化学家路易斯发展了柯塞尔的理论，提出共价键的电子理论。两个或者多个原子可以共用一对或多对电子，以便达到稀有气体原子的电子层结构，从而形成稳定的分子。例如，外层有一个电子的两个氢原子结合成氢分子，氢分子中的每个氢原子同时享有两个电子，它们的外层电子结构都达到了稳定的氦原子的电子构型。这种共价结合的原子趋向于形成稳定的稀有气体原子的电子构型的设想，通常叫作八隅律。

学生阅读、思考，讨论"八隅律"的本质，分析氯化氢电子式的形成过程与氯化钠的区别，认识到离子键表达物质形成过程中的局限性。

设计意图：介绍路易斯的共价键理论，引导学生感悟离子键表达物质形成过程中的局限性，为共价键的学习奠定基础。

活动6：应用共价键理论，分析H_2、Cl_2等物质中共价键的形成，并用电子式表示形成过程。

学生模仿氯化钠电子式的形成过程，按照共价键的本质书写氯化氢电子式的形成过程，构建共价键电子式的书写模型。对比离子键与共价键电子式书写的区别，理解离子键与共价键的本质特征。

设计意图：应用共价键模型，促进理解符号表征，体会差异。

情境素材8：液体氯化氢不导电、熔融氯化钠导电的实验视频。

学生通过观看导电性实验视频，认识到氯化氢中的共价键与氯化钠中离子键的差异，强化学生对共用电子对的直观认识。

设计意图：透过宏观现象思考微观实质，进一步感知离子键和共价键的差异以及对物质性质产生的影响。

情境素材9：梳理化学键发展史的关系图。

学生结合本节课的学习过程，在老师的引导下完成化学键发展史的关系图。

设计意图：引导学生体会科学研究的发展不是一蹴而就的，科学家总是在质疑、创新中推动着科学的发展。学习化学史不仅可以学习化学之理，更要身体力行地去延续严谨、求实、创新的精神。

【教学反思】

（一）以化学键化学发展史为教学情境引导学生重新认识化学键的形成

在教学过程中，教师采用以化学键发展史为主线，从微观解释逐步深入，引导学生初步构建了化学键的知识体系。这样的教学过程让学生深切感受到化学键的发展史是人们锲而不舍地探索微观世界的历程。傅鹰教授曾提出，"化学给人以知识，化学史给人以智慧"。将化学史以情境素材的形式提供给学生，覆盖了理论和模型的建立及其局限性的解决，即新理论和新模型的构建呈现出科学知识总是在不断探索中，完善、纠错、再修正的动态生成过程，展示了科学工作者伟大的科学成就和严谨求实的科学态度，承载了丰富的学科核心素养内涵。

（二）对化学史情境素材内容的选择要符合学生的学习需求

情境的选择首先要与教学目标直接相关，还要与学生已有的认识相关联。教学过程中，教师要用化学史素材展现学生所需要学习的化学知识、化学原理、化学规律的形成与发展，让学生了解知识的发展脉络，避免将知识结论直接"告知"而让学生获得"结论性"知识。如化学键从"爱与憎""钩子"到"化学亲和力"再到"电化学二元学"最后到"离子键理论"，为了解决对离子键的表征，又发明了"电子式"。对于无法解释非离子型化合物的问题，又在"原子价电子理论"的基础上用量子力学解释氢分子，这是用量子力学解决共价键问题的首例。这既有利于学生对知识的理解和运用，又有利于发展学生学科核心素养。

（三）对化学史情境素材的呈现突出化学研究的思路与方法

化学史素材包含了化学研究的思路与方法，教学过程中对化学史的呈现要能够渗透科学思维与探究方法，能与课程内容相辅相成。如本节课的教学过程中对化学史的呈现，教师要引导学生追根溯源关注"原子怎么结合在一起"这个问题，明白过程中的演变，不仅激发学生的好奇心与兴趣，更能将证据推理与模型认知相结合。通过设置有意义、有价值的问题有效地将化学史融合于化学教学活动之中，所以教师要善于对化学情境中化学史的教育价值进行深层次挖掘，要结合具体的教学目标和学生的认知特点，提出有驱动性、诱发性、序列性、可操作性的一系列问题，这样既可以避免教学过程的泛化与形式化，又可以增强学生学习的内在驱动力，强化学生学习的主动性，将学习过程转化为满足知识需求的主动构建过程。同时可以结合教学需要适当设计关于科学、技术与社会关系的思考，使课堂教学与人文教育有机结合。

（注：本教学案例是作者指导马娜承担的由金城名师冯新平工作室举办的2021年兰州市"第四十六届"名师大讲堂的课堂教学实录）